# Messi
## Un genio en la escuela del fútbol

• *Colección Stadium – 3* •

# *Messi*
## *Un genio en la escuela del fútbol*

*Ramiro Martín*

Primera edición: marzo de 2013

Director de la colección: Pep Riera

© del texto: Ramiro Martín Llanos

© de esta edición:
9 Grupo Editorial
Lectio Ediciones
C/ Muntaner, 200, ático 8ª – 08036 Barcelona
Tel. 977 60 25 91 – 93 363 08 23
lectio@lectio.es
www.lectio.es

Diseño y composición: Imatge-9, SL

Impresión: Romanyà-Valls, SA

ISBN: 978-84-15088-24-0

DL T 89-2013

*A Pol*

He entrenado en otros deportes y el fútbol es en el que más priman las habilidades del jugador: su inteligencia, la toma de decisiones, la sensibilidad, la comprensión del espacio y del tiempo… ¿Por qué? Porque en el fútbol lo mismo que utilizas para moverte lo utilizas para jugar, y debes estar concentrado en ti mismo y en el equipo. Por eso los talentos de este deporte son, personalmente, tipos muy especiales.

PACO SEIRUL·LO
*Preparador físico del FC Barcelona*

Cuando intentas sistematizar a un genio corres el riesgo de matar su creatividad. La sistematización eleva a los mediocres pero hace mediocres a los mejores. Es muy difícil dañar a Messi porque es una personalidad muy superior, que ha sobrevivido a todo el proceso. Cuando llega al primer equipo, no hay entrenador que le haga cambiar el patrón de juego. El problema está en el trabajo con las categorías inferiores.

JORGE VALDANO
*Exfutbolista y entrenador argentino*

Messi es el mejor de todo el mundo, hasta el infinito del cielo.

POL MARTÍN I MARZOA
*Dorsal 8 del equipo rojo. 5 años*

# *Prólogo*

A Lionel Messi, según cuentan, no le gusta salir reemplazado aunque haya marcado cinco goles y a pesar de que el cambio en el minuto 89 sea un mimo del técnico a su faena. No quiere salir porque, más que en la ovación del público, Leo está pensando en que todavía hay tiempo para hacer un sexto gol. Y si el jugador le gana el duelo al divo no hay forma de distraer con golpes bajos o polémicas forzadas. No hay sangre, sexo ni dinero. Sin *show*, obligado a escribir a partir de los hechos, el periodista se encuentra ante el desafío de volver a las fuentes. De contar lo que ve y lo que escucha. De informar. De dar forma. Más aún, acostumbrado a revolver basura, real o inventada, el periodista, rendido ante los hechos, investiga esta vez sobre la belleza. Y se propone explicarnos de qué modo se formó el que tal vez sea reconocido algún día como el mejor futbolista de todos los tiempos.

Periodista de raza, Ramiro Martín, autor de *Messi. Un genio en la escuela del fútbol*, es ante todo padre de Pol, que aprendió a leer a los tres años. Martín se encontró con las limitaciones del sistema educativo para seguir pedagógicamente esa formación. Desde hace años cerca del Barça y de Messi, Martín tuvo curiosidad por averiguar entonces de qué modo trató a Leo La Masía, la célebre academia de las categorías inferiores del Barcelona. La curiosidad, elemento primordial del periodismo, dio paso a preguntas básicas: ¿en qué contribuyó exactamente la escuela de formación más famosa del fútbol mundial para el crecimiento del genio? ¿Se le puede enseñar a un genio? ¿Cómo hacerlo? Para explicárnoslo, además de recordar las enseñanzas de su padre y del tío Pedrito, ¿con quiénes aprendió a ver fútbol de pequeño en Buenos Aires? Martín habló con casi todos los entrenadores que

## Prólogo

tuvo Messi en el Barça. Y todos, dice agradecido el periodista, tuvieron "el bondadoso gesto de explicar a quien pide entender".

Siempre tomé distancia de las historias sobre los "descubridores" de Diego Maradona o de Messi, por citar a los dos últimos grandes *cracks* del fútbol mundial. Marcelo Bielsa suele decir que los verdaderos "descubridores" de talentos, en rigor, son aquellos que ven lo que los demás no podemos ver. Cuando Messi partió a los 12 años a Barcelona no había dudas de que era un niño con futuro de *crack*. Lo muestran los videos que circulan desde hace años por la web. Sólo un fútbol enfermo de arrogancia pudo darse el lujo de no haber agotado los esfuerzos para retener a un talento en potencia como el que ya exhibía Messi. Fue el caso del fútbol argentino. Acuciado económicamente, pero también expoliado por algunos dirigentes y empresarios, el fútbol argentino convirtió a sus históricas escuelas de formación en fábricas de proyectos de *cracks* con el único objetivo de venderlos a Europa. Cuando Messi se incorporó a Newell's Old Boys, parte de ese negocio, créase o no, estaba en manos de la barra brava del club. Escribo estas líneas en el mismo momento en que la selección juvenil argentina, seis veces campeona mundial de la categoría, fue eliminada en primera rueda del Sudamericano Sub-20 que organizó en su propio país. Cuatro días después de la derrota, Ricardo Centurión, una de las estrellas del equipo, fue vendido a Rusia por 7,5 millones de euros, trasferencia récord para Racing Club.

¿Habría llegado Messi donde llegó si hubiera permanecido en Newell's? ¿O si se iba a otro club distinto del Barcelona? No hay modo de saberlo. Sí sabemos que Barcelona fue la mudanza casi ideal. Incorporó a Messi pese a que era extranjero, debía conseguirle trabajo al padre y afrontar un cuadro de deficiencia de crecimiento porque Leo no subía del 1,40 m y pesaba como una pluma. Carles Rexach asumió la decisión y, el cuento es conocido, improvisó una servilleta para el primer contrato. El dirigente Joan Lacueva llegó a abonar de su propio bolsillo los primeros meses del tratamiento porque el club incumplía algunos pagos. La elección de Barcelona se reveló ideal más allá del dinero. El acierto fue elegir un club que siempre privilegió el talento al físico. La disciplina colectiva al rendimiento individual. Messi, eso sí, obligó al Barça acaso como nunca antes a atender el fortalecimiento físico de un jugador. Y a rendirse también ante su técnica individual. Lo demuestran varios pasajes del libro. Como cuando en una misma temporada Leo llegó a jugar en cuatro categorías diferentes, según las necesidades del calendario. Eso sí, jugara en la categoría que jugara, encontró siempre un mismo estilo futbolístico.

Más que humildad, algo que en todo caso inculca la propia familia antes que un club, lo más importante que hizo La Masía fue "adiestrar a Messi para que supiera qué hacer con la libertad". Martín cita el caso de Ronaldinho, el fenómeno previo a Messi. El *crack* brasileño no pasó por La Masía y no funcionó cuando Frank Rijkaard quiso emplearlo de falso 9. Messi, en cambio, se adaptó de inmediato a la posición en que lo ubicó Pep Guardiola. El informe sobre cómo el técnico fue aproximando la idea a Messi es uno de los mejores momentos de un libro que respira fútbol por los cuatro costados. Siempre tuve reparos sobre la idea del jugador polifuncional porque, en Argentina, el paladín de esa postura era Carlos Bilardo, que entendía la polivalencia de la media cancha hacia atrás, nunca en sentido inverso. Podríamos decir también que es fácil hablar de polivalencia con Messi, que es un manual técnico hasta cuando hace un saque lateral, como se dice en un momento del libro. Pero la polivalencia en Barcelona es escuela. Lo demuestra, entre otros, el caso de Javier Mascherano, reconvertido por Guardiola en un defensor central de lujo. ¿Habría aprendido todo esto Messi en un club distinto del Barcelona?

Si ahora es fácil hablar del feliz matrimonio Barcelona-Messi, Martín nos recuerda que no siempre fue todo así. Que Leo apareció en un equipo que no brillaba como ahora. Y que, una vez superada la seguidilla de lesiones musculares que hizo temer por el futuro, pasó acaso más tiempo del debido estacionado en la banda derecha del ataque. ¿Y para qué se dilapidaron millones en Zlatan Ibrahimovic si de antemano parecía claro que sería un socio imposible para Messi? Hasta que Guardiola consolida su proyecto: tiene al mejor futbolista del mundo en uno de los mejores clubes del mundo y rodeado de la que muchos señalan como una de las más brillantes camadas de su historia, los Xavi, Iniesta, Puyol y dos exponentes de la Generación

## Prólogo

del 87, como Piqué y Cesc. Hay fútbol y mística. Hay academia. Y Messi le agrega potrero. Hay disciplina colectiva. Y Messi le agrega el caos de la creación individual. En su obsesión por los detalles, Martín advierte que, igual que Diego Maradona (bautizado como "Caradona" la primera vez que el periodismo argentino advirtió que podía ser un *crack*), también Messi fue bautizado como "Lioner" al aparecer en la prensa catalana. "Antes de conocer quiénes eran —nos dice Martín— el mundo del fútbol ya sabía qué serían." Si la analogía con Maradona es inevitable, Martín, un argentino que lleva más de una década en Barcelona, sorprende en cambio cuando compara algunas resistencias increíbles que aún hoy genera Messi en Argentina con la historia del general José de San Martín, el padre de nuestra patria, pero del que también se desconfiaba porque había sido formado como militar en Cataluña.

Novedosa, la analogía, es cierto, puede parecer para algunos algo desmesurada, más aún en un libro que, mérito del autor, se mantiene de la primera a la última página fiel a una línea de juego y que, como el Barça, construye con paciencia para ser profundo. Pero la desmesura, al fin y al cabo, parece ser una de las características más distintivas de los argentinos. Por eso, para volver a apoyar los pies en la tierra, cada tanto nos mudamos a Cataluña.

EZEQUIEL FERNÁNDEZ MOORES
Buenos Aires, 24 de enero de 2013

# *Introducción*

## *Quince días*

Entre el 25 de noviembre y el 9 de diciembre de 2012 el barcelonismo vivió dos acontecimientos que bastarían para explicar lo que ha hecho el club durante los últimos cuarenta años. Por sí solos resultan hitos formidables dentro del mundo del fútbol. En conjunto dejan al Barça a las puertas de la perfección en la ejecución de una idea. El día 25, en el campo del Levante, el Barça ganó por 0 a 4 el primer encuentro de la historia de la Liga en el que todos sus jugadores habían sido formados futbolísticamente en el club. Lo más destacable es que tanto Guardiola como el entrenador que lo propició, su sucesor, Tito Vilanova, podrían haber forzado mucho antes esta especie de récord. Sin siquiera planearlo, a ambos les pareció que lo mejor era esperar que se diese de forma natural. Así sucedió. En el minuto 13, una desafortunada lesión de Dani Alves generó su sustitución por Martín Montoya. El equipo alineó entonces con Valdés, Montoya, Puyol, Piqué, Jordi Alba, Busquets, Xavi, Cesc, Pedro, Messi e Iniesta. Llegó de manera natural. Al cabo de quince días, en el campo del Betis, uno de aquellos once canteranos que formaron el histórico equipo se convirtió en el máximo goleador de la historia del fútbol en un año natural. Leo Messi superó contra el Betis el récord anterior, obra del alemán Gerd Müller. Y amplió el registro hasta los imposibles 91 goles en 365 días.

La gesta colectiva seguida de la insuperable expresión individual de Messi sintetizan el ideal futbolístico al que el Barça supo llegar criando a sus jugadores desde 1971 alrededor de una idea de juego.

Este libro da cuenta de una casualidad fabulosa y sus mágicas consecuencias. Jamás en la historia del fútbol uno de sus genios había aterrizado por obra del azar en una escuela capaz de potenciar su talento de la manera en que el Barça lo ha hecho con Messi. La grandeza de Pelé residió en sus momentos mundialistas y su inteligencia para crear el primer icono mediático del fútbol. Maradona es la respuesta individual a todos los problemas colectivos. Con lo bueno y lo malo que ello comporta. Di Stéfano se avanzó a un tiempo y un fútbol que cayó a sus pies de *todocampista* y goleador voraz. Acaso Johan Cruyff se asemeje, con su Ajax intratable, a la experiencia de Leo y el Barça, aunque ni él ni los demás genios poseen el rasgo identitario de Messi: el genio continuado. La gran singularidad de Messi es haber hecho de la genialidad el pan de cada día.

Este libro es fruto de una investigación a la vez intensa y placentera, materia prima para narrar "episodios futbolísticos" que arrojen luz sobre los límites imprecisos que dividen lo innato y lo adquirido. ¿Qué ha tenido que ver la escuela del Barça en la coronación de Messi como, probablemente, el futbolista más grande de la historia?

Vale la pena dejar claro que considerar el Barça "la escuela del fútbol" no significa que sea la única. Hay muchas y muy buenas. La diferencia, como en casi todo, tiene que ver con la fortaleza de las convicciones. Ningún otro club ha creído en una idea con una fuerza capaz de mantenerla invariable a pesar de los vaivenes del fútbol.

Un tesoro a la vista de todos y, a la vez, inalcanzable.

Ramiro Martín
Sitges, enero de 2013

# *Minuto cero*

## *La velocidad del fútbol*

La investigación sobre los pasos de Leo Messi y su llegada y crecimiento en la escuela del Barça me sirvió también para rastrear cómo los medios van dando pistas sobre las futuras promesas y para calibrar la velocidad con que corre la noticia del alumbramiento de la nueva estrella. Resulta un misterio. El fútbol, por delante incluso de los propios avances de las comunicaciones, ha sido siempre igual de rápido. Rapidísimo. Y los medios de comunicación han sabido hacerse eco de la *buena nueva*. La han publicado enseguida, incluso a riesgo de no conocer los datos exactos del imberbe que, según parece, toca la pelota como los ángeles.

El 28 de septiembre de 1971, el diario *Clarín*, de Buenos Aires, Argentina, publicó en sus páginas deportivas una pequeña noticia en formato de lo que se denomina breve: apenas un rincón de página desplazado hacia uno de los márgenes, en la que daba cuenta de un nuevo talento. El título de la noticia breve era "Con porte y clase de crack". El texto detallaba que era "zurdo, pero ya sabe utilizar la derecha. Tiene diez años. Se ganó calurosos aplausos en la media parte del partido. Haciendo gala de una rara habilidad para el *jueguito* [los toques al balón] con el empeine, y hasta de *chanfle* [con el exterior del pie]. Con camiseta que le queda un poco holgada y el flequillo que no le deja ver, parece escapado de cualquier baldío [campo] de los de antes. La duerme, la levanta con doble pisada y tiene el porte del jugador nato. No parece un pibe de hoy, pero lo es. Con este amor tan argentino por la pelota, nuestro fútbol nunca dejará de nutrirse de buenos jugadores. Su nombre es Diego Caradona".

Sí, con "c".

Caradona.

Casi treinta años después, en las páginas de *Mundo Deportivo*, una noticia, breve, sin foto, anunciaba en su título: "Un argentino en la cantera del Barça". El texto explicaba que se trataba de "la nueva joya de la cantera azulgrana. Este joven mediapunta argentino, de trece años, procede del River Plate y se ha comprometido con el Barça. En la actualidad está entrenándose con los infantiles que dirige Rodolfo Borrell, en el que estuvo a prueba hace unos meses. Ahora ya ha convencido a los servicios técnicos que ven en él a un jugador rápido y vertical, a pesar de su menudo cuerpo". Según el periodista, su nombre era Lioner Messi Pérez.

Con "r" al final del nombre.

Y ese segundo apellido.

El fútbol se ha encargado de que, en ambos casos, cualquier aficionado pueda advertir los errores de tal información. Lo fantástico de ambas noticias es que las separan treinta años y mantienen los mismos signos vitales.

Antes de conocer quiénes eran, el mundo del fútbol ya sabía qué serían.

# *Una escuela de fútbol*

## *El círculo de Mánchester*

Antes de recibir el cuero, Leo Messi había visto un hueco por donde lastimar al Manchester United. La rapidez en la ejecución dejó la defensa impávida, sin capacidad de reacción. Un disparo fortísimo, aunque no demasiado esquinado, sorprendió al portero Van der Saar. Messi fue todo determinación en aquel gol. Cambió el ritmo convencido de que era ése y no otro el momento. A primera vista, todo el mérito de la jugada es para el argentino. Al fin y al cabo, en un instante demostró saber dónde, cuándo y cómo establecer la diferencia. Sin embargo, detrás de la acción reside todo aquello que da sentido a este libro.

El largo movimiento trenzado por Leo, Andrés Iniesta y Xavi Hernández es hijo de la idea innegociable de la posesión de la pelota y está íntimamente relacionado con la aplicación del juego de posición. Messi hizo, probablemente, lo más difícil: desequilibrar. Pero el Barça montó el escenario para que su estrella tuviera que pensar solamente en su jugada. Messi, entonces, quedó invitado por el Barça a expresar su talento bajo las condiciones más favorables.

Así fue durante los cuatro años de la gestión de Guardiola como entrenador del primera equipo del Barça. Se le bautizó como *el Barça de Pep*, una consecuencia natural que ilustra la singularidad del sello del entrenador, incluso por sobre la genialidad de su más consumado ejecutante.

A pesar de que, en rigor, las victorias en los Mundiales de Clubes de 2009 y 2011 deberían inscribirse como las cimas del equipo en cuanto a títulos, se sabe que en el fútbol europeo la gran coronación es la Liga de Campeones, instancia anterior a la competición antes llamada Intercontinental. Guardiola voló literalmente por los aires en Roma y Londres, manteado por sus pupilos luego de superar con una comodidad inesperada al Manchester United. El conjunto de Alex Ferguson cayó sin atenuantes en ambas contiendas. En Roma, el esperado duelo entre Messi y el portugués Cristiano Ronaldo no fue tal, dada la superioridad del argentino, y el Barça apenas sufrió hasta el primer gol, de Samuel Eto'o, a los diez minutos de un partido que, a veinte del final, fue sentenciado por Leo Messi. En Londres, en 2011, en el remozado estadio de Wembley, cuna de la primera Copa de Europa del Barça, los discípulos de Pep sufrieron menos aún. Puede que parezca un contrasentido, pues Wayne Rooney empató el gol de Pedro en la primera parte, pero bastará con visionar el trámite del juego para convenir que el Barça no sólo no sufrió, sino que, aun después de un empate inesperado, se desplegó con una suficiencia inusual. La exhibición de autoridad y confianza fue tal que en ningún momento pareció el Manchester capaz de discutir la final. Ganó el Barça 3 a 1. Messi marcó el segundo después de la combinación con Iniesta y Xavi antes explicada. David Villa sentenció luego de otra jugada de infarto de Leo por la banda derecha, acaso un homenaje secreto a la posición en que se ganó la titularidad con Frank Rijkaard, en su etapa inicial en el primer equipo azulgrana.

Resulta una mueca del destino que, en ambos casos, haya sido un club de la ciudad de Mánchester la víctima de un equipo capaz de sublimar esta forma de juego, pues, precisamente, la semilla del *Fútbol Total*, del que fue dignísimo heredero el Barça de Guardiola, nació en las calles de Mánchester.

## *Jack Reynolds*

Los aficionados del United volvían a caer contra el Barça. A unos 260 kilómetros del escenario de la derrota, por las calles siempre fabriles de Mánchester, erraban cabizbajos los *diablos rojos* y, tal vez, celebraran sus eternos rivales, los *citizens* del Manchester City. Esas mismas calles acogieron el espíritu inquieto de John "Jack" Reynolds. Justo un siglo antes de que el Barça se coronase en Wembley contra los chicos de Sir Alex Ferguson, Reynolds abandonaba el fútbol con treinta años, luego de una carrera discreta como extremo derecho. Debutó en 1902 en el Manchester City y dijo adiós en el New Brompton FC (hoy, Gillingham FC) después de 108 partidos disputados y 16 goles. En su paso final por el Rochdale su presencia fue testimonial, ya que no disputó partido alguno. Reynolds colgó las botas convencido de que había otra manera de entender el fútbol. Para ello era indispensable ejercer de entrenador. Inició su carrera en el St. Gallen suizo y allí estuvo dos años hasta que se convirtió en seleccionador alemán, un cargo que apenas ostentó a causa del estallido de la Primera Guerra Mundial, de la cual huyó con destino a Holanda. Allí recaló en un pequeño club de barrio, el Ajax.

El encuentro puede inscribirse en los anales dorados de la historia del fútbol. No es caprichoso asegurar que buena parte de la evolución del juego se explica a partir de esta sociedad creada por Jack Reynolds y el Ajax entre 1915 y 1947. Fueron tres etapas diferentes en las que el equipo de Ámsterdam ganó ocho Ligas y se transformó en el monarca del fútbol holandés. La última de sus tres etapas duró solamente dos años, pero acabó de convertir a Jack en un símbolo no sólo futbolístico, sino también moral de un equipo nacido en el gueto judío de Ámsterdam. Reynolds regresó a Ámsterdam tras cinco años en un campo de concentración alemán, donde fue enviado en 1940, cuando el ejército nazi invadió los Países Bajos. Un lustro en el que fue una celebridad en el exilio. La revista del Ajax dio cuenta puntualmente del estado de salud del entrenador durante dos años y continuó publicando sus consejos técnicos. Desde el club se informó, además, de que Reynolds podía recibir correspondencia. Los aficionados acudían a la sede para enviarle sus cartas que, cada quince días, partían en un gran envío postal hacia Alemania. El rumor sobre su muerte circuló periódicamente, en especial gracias a la prensa inglesa, que tenía constancia de que un exjugador de fútbol habitaba uno de los campos de concentración nazis. Cuando esto sucedía, el propio Ajax daba garantía de vida del gran Jack, informando sobre el constante intercambio epistolar. Los nazis habían puesto fin a una segunda etapa brillante de Reynolds como entrenador, artífice de la mejor cosecha de títulos del club hasta la fecha: cinco Ligas y siete torneos regionales entre 1928 y 1940. En su ausencia, el Ajax contrató cinco entrenadores diferentes. Entre ellos, Jon Distelbrink, el primer técnico holandés del conjunto *ajacied*. El lustro sin Jack ofreció sólo una copa regional.

Su regreso fue glorioso. Se produjo en octubre de 1945. Reynolds contó de su tristeza cuando los domingos extrañaba el fútbol del Ajax. En su honor, la revista del club publicó un especial bajo un lema que ilustraba la ascendencia de Jack para los *ajacieds*: "Sabemos cómo ganar y lo haremos, Jack, pero indícanos otra vez qué le falta a nuestro equipo." Reynolds volvió a conducir al Ajax otra vez al título de Liga, que no se ganaba desde su marcha obligada a Alemania, y a obtener dos torneos regionales. Fueron un par de años, los últimos como entrenador *ajacied* a todos los efectos. Durante el segundo semestre de 1950 se ocupó del primer equipo aunque sólo de forma interina.

En 1962, el cortejo fúnebre que portaba el cuerpo de Reynolds se detuvo breve y simbólicamente en el ya desaparecido estadio De Meer, la casa del fútbol del Ajax, donde su compatriota Vic Buckingham honraba su legado desde el banquillo y, dos años después, enviaría al campo al joven Johan Cruyff, de 17 años.

## *Huizinga y los hombres que juegan*

La coincidencia nos abre una puerta a la conjetura. En 1915, año en que Jack Reynolds desembarcó en el Ajax para promulgar una nueva idea del fútbol, más relacionada con la esencia del juego, también arribó a los claustros de la Universidad de Leiden, apenas a 45 kilómetros del estadio del Ajax, el filósofo e historiador Johan Huizinga. La neutralidad ante la Primera Guerra Mundial había hecho de Holanda un espacio de libertad, virtud indispensable para el desarrollo del pensamiento. Mientras Reynolds descubría ante sus discípulos amateurs una nueva concepción del fútbol, trabajando en entrenamientos con pelota que ayudasen a pulir la técnica individual, Huizinga comenzaba a dar forma a una de sus obras cumbre: *Homo ludens*, 'el hombre que juega', que acabará por publicar en 1938.

La obra complementa el intento exitoso de reconstruir las formas de vida y las pautas culturales del pasado de *El otoño de la Edad Media*, publicado en 1919. Casi veinte años después, Huizinga presenta un libro esencialmente transgresor que deja una máxima muy emparentada con el movimiento que Reynolds, de un modo más intuitivo y silvestre, había iniciado en el Ajax: "Para jugar verdaderamente, el hombre ha de volver a convertirse en niño." La tesis rema contra los convencionalismos del *Homo sapiens* y el *Homo faber* en la descripción del hombre. Testigo de los horrores de la Gran Guerra, Huizinga defiende resignado la idea de que, "al fin y al cabo, no somos tan razonables como gustaba de creer el siglo XVIII", descartando, así, la consideración de *sapiens* en medio de los horrores de la Primera Guerra Mundial. Y si bien no elimina la de *Homo faber*, el hombre que fabrica, postula que el *Homo ludens*, el hombre que juega, expresa una función tan esencial como la de fabricar. "Hace tiempo —confiesa Huizinga— que ha ido cuajando en mí la convicción de que la cultura humana brota del juego y en él se desarrolla."

No hay registros de que Huizinga se hubiese acercado nunca hasta Ámsterdam para ver al Ajax de Reynolds. Tampoco de que le gustase el fútbol. En todo caso su contemporaneidad habla de una Holanda que, tras la Gran Guerra, resulta un espacio de libertad capaz de generar estos movimientos tan diferentes en la forma y similares en el fondo.

La rabia nazi acabó con ambos. Si Reynolds fue privado de su libertad durante cinco años, Huizinga corrió peor suerte. En 1942 las tropas del Führer cerraron la Universidad de Leiden y Huizinga, una celebridad académica, fue confinado a St. Michielsgestel, en el centro del país, y desterrado hasta el primero de febrero de 1945, día de su muerte, que le privó de ser testigo de la victoria aliada y el final de la guerra.

Ramiro Martín

## *Reynolds y Pep*

Entre Reynolds y Pep Guardiola existe una hilo conductor que el deseo de alcanzar el éxito con honradez y belleza ha vuelto irrompible. Al fin y al cabo, resulta hasta mágico que, casi un siglo después, el catalán defendiese para su gestión en el Barça lo mismo que, en 1915, Reynolds dispuso como método de trabajo ante la mirada incrédula de sus discípulos, por entonces completamente amateurs: que todos los equipos, desde los más pequeños hasta los mayores, jugasen de la misma manera, con un dibujo táctico con extremos abriendo siempre el campo y jugando al ataque; que se priorizara la técnica por sobre la fuerza física en la elección de futbolistas; que se impusiese siempre el trabajo con pelota, que en el caso de Reynolds, en 1915, resultó una novedad absoluta.

La línea de tiempo que une a Reynolds y Guardiola —que ahora extiende Tito Vilanova, último discípulo— ensarta *perlas* que han enriquecido y han hecho evolucionar la idea sin que perdiese su esencia. Si bien su compatriota Vic Buckingham recogió el testigo de Reynolds y honró su legado en el Ajax, la historia señala a Rinus Michels como el real sucesor del *Gran Jack*. Marinus Jacobus Hendricus Michels fue el alumno aventajado de Reynolds en su tercera y última etapa como entrenador del Ajax.

En 1946, meses después de su regreso como entrenador del primer equipo *ajacied*, Reynolds hizo debutar a Michels con 18 años contra el ADO, colocándolo como titular debido a la lesión del delantero Han Lambregt. Michels era un ariete alto y de mucha presencia a pesar de su juventud. El Ajax ganó 8 a 3. El debutante marcó cinco goles.

La confianza ciega en el jugador capaz de interpretar su fútbol y liderar el equipo ha sido una constante entre los maestros y discípulos de la denominada escuela holandesa, luego extendida a la escuela del Barça. La breve pero intensa relación entre Reynolds y Michels se reproduce con Michels y Cruyff y, luego, con Cruyff y Guardiola, quien reedita esta especie de simbiosis con la figura de Leo Messi. Sin ser su extensión dentro del campo, como sí lo fue Cruyff con Michels, una especie de *alter ego* vestido de corto, Pep —que para esa función tuvo en Xavi Hernández a su elegido— interpretó la figura de Messi como la piedra basal de su proyecto y, de alguna manera, quien acabará por marcar el camino de la evolución del modelo.

Acaso haya sido la pobre cosecha de títulos —apenas dos Ligas— lo que llevó a Michels a cavilar sobre el sistema de juego iniciado por su mentor. Con 264 partidos jugados con el Ajax y la selección holandesa y 122 goles, Michels colgó las botas convencido de que podía perfeccionar desde el banquillo el músculo competitivo del modelo. Al Ajax llegó en 1965 para suceder a Vic Buckingham, que había fichado por el Fulham. El inglés le dejó una generación primaveral liderada por un joven de insolente talento llamado Johan Cruyff. El Ajax era por entonces un club que llevaba casi veinte años sin ganar una Liga.

## *Rinus Michels*

Michels es el padre contemporáneo de la idea de fútbol que sublimó el Barça de Guardiola. Su atrevimiento táctico y su obsesión porque todos los futbolistas de campo supieran cómo desenvolverse en diferentes demarcaciones le convierten en el gran maestro del *Fútbol Total*. Sin dejar de beber en las fuentes de Jack Reynolds dio un paso evolutivo incomparable: a la interpretación lúdica del fútbol le sumó rigor y un hambre competitivo que llevó al Ajax donde nunca antes había llegado en el concierto futbolístico europeo. En seis años ganó cuatro Ligas, una Copa y la primera Copa de Europa para el viejo club de barrio. Los títulos y el buen juego le valieron la consideración de mejor entrenador del mundo. Se trataba de un cartel caprichoso, como lo son todos los que se cuelgan en el fútbol, pero, evidentemente, el impacto que había tenido el Ajax de Michels por los títulos y la manera de ganarlos le dieron fama mundial.

El Barça pensó en él para sustituir a Vic Buckingham, que había sido la apuesta de la directiva de Agustí Montal. El inglés tenía una lesión que le impedía desarrollar su trabajo con normalidad. Como ya había sucedido en el Ajax, Buckingham dejaría también el Barça en manos de Michels.

"Lo primero que hizo al llegar fue iniciar un trabajo muy meditado con el fútbol base. De alguna manera, preparó el equipo para la llegada de Johan Cruyff años después", dice Agustí Montal, el presidente que fichó a *Míster Mármol*, como se conocía a Michels por su perfil de líder riguroso.

Que la "Naranja Mecánica" que deslumbró en el Mundial de 1974 fuese la idea de quien también en ese momento era entrenador del Barça resulta suficiente para relacionar, por siempre, el *Fútbol Total* con el club azulgrana. Cruyff hizo el resto.

Pero al margen del paso de Michels por el Barça, de lo que ganó y lo que dejó de ganar, algo aún desconocido hasta entonces en la Liga española había comenzado. Los pequeños aspirantes a futbolistas que el Barça tenía en la base empezaban a trabajar con aquellos métodos que Jack Reynolds imaginó en el Ajax y que Michels, su discípulo, dignificaría como entrenador. "Hasta no hace demasiado tiempo —dice Montal— invertir en el fútbol base era visto como un gasto inútil, porque la estructura del fútbol se construye a través de la compra-venta de futbolistas. En el activo empresarial económico del Barça no figura el valor de Leo Messi como un bien." Michels tuvo en el fútbol base del Barça un aliado de excepción. La idea de fútbol del cántabro Laureano Ruiz sintonizó enseguida con la del holandés. Llegó en 1971 para hacerse cargo de los equipos juveniles. "En aquel momento se valoraba únicamente la altura, la fuerza y el coraje como criterios de selección. Si tenías técnica y calidad pero eras pequeño, no te fichaban", recuerda Ruiz. Con Michels en el primer equipo y Laureano en los juveniles, los entrenamientos se llenaron de balón, un elemento que estaba vedado hasta entonces en los procesos de preparación física.

Conviene no menospreciar la aportación de Laureano Ruiz. El hecho de no haber estado en primera línea como futbolista o entrenador del primer equipo atenta contra la importancia que la historia debería otorgarle. Los focos del fútbol, se sabe, no resisten la tentación de dirigirse a aquellos nombres de cartel. La realidad indica, sin embargo, que fue Ruiz el pionero en la enseñanza del idioma futbolístico que caracteriza al Barça. Su método devolvió los éxitos a las categorías inferiores del club, además de cumplir con su objetivo de inculcar una manera de entender el juego. El fútbol base del Barça llevaba catorce años sin títulos cuando llegó Laureano. La categoría juvenil ganó cinco Ligas consecutivas y cuatro Copas del Rey durante su gestión y abasteció al primer equipo con jóvenes como Carrasco, Fortes y "Tente" Sánchez. Tres lustros antes del desembarco de Johan Cruyff, el fútbol base se entrenaba a base de rondos y todos los ejercicios físicos tenían el balón como protagonista. Ruiz, cabe recordarlo, se hizo cargo interinamente del equipo con notable éxito. Substituyó en abril de 1976 a Hennes Weissweiller y en dos meses su Barça perdió sólo dos partidos, empató en casa del Liverpool y superó al Real Madrid en el Bernabéu 0 a 2.

El tercer hombre, el que completaba el triunvirato, era Oriol Tort, "el Profesor", como se le llamaba en el club. Exjugador del Barça amateur, debió abandonar su carrera a los treinta años por una lesión en la cadera. Corría el año 1959 cuando ingresó en el Barça como entrenador de infantiles. Ojo infalible para la captación de jóvenes talentos, Tort construyó junto a Laureano una idea que, a pesar de los vaivenes del primer equipo, jamás se alteró: en el fútbol base, desde los benjamines hasta los juveniles, debían jugar de una misma manera, la selección de jugadores debía responder a condiciones técnicas por delante de las físicas y los entrenamientos estaban destinados a mejor técnica y tácticamente las plantillas.

Con Michels, Ruiz y Tort remando en una misma y revolucionaria dirección, Johan Cruyff llegó al Barça como fichaje estrella. Probablemente sea éste el momento más importante de la historia del club tal y como se le conoce hoy. "La llegada de Michels fue muy impactante, pero con la de Johan todo terminó de cambiar", recuerda Salvador Sadurní. No es aleatoria la elección de un portero como Sadurní para evocar aquel momento. Cuando Cruyff aterrizó, el Barça llevaba trece temporadas sin ganar un título. Y Sadurní era uno de los que había jugado todos esos años de sequía. Johan supo enseguida que se trataba de uno de los referentes del vestuario y, como tal, le hizo partícipe de los cambios que tanto él como Michels querían implementar en el equipo. Además, probablemente la demarcación de portero fue la que más variaciones sufrió con la nueva propuesta holandesa. "Hasta la llegada de Michels, el Barça jugaba como todos los equipos de la época. En defensa había tres hombres y, por detrás de ellos, un último defensa al que llamaban "escoba", pues barría la jugada. Michels puso cuatro defensas en línea. Uno de los primeros días de entrenamiento se me acercó para decirme que yo debía salir de la portería y del área como un defensa más. Algo insólito. Nunca habíamos trabajado de esa manera." Sadurní recuerda cómo en las medias partes, "antes o después de encerrarse en el lavabo a fumar un par de cigarros", Cruyff hablaba con él. "Me llamaba 'chato' y siempre me preguntaba cómo estaba viendo el partido. No era habitual, pues yo era el portero. Pero a él le parecía vital mi visión. 'Tú desde atrás lo ves mejor que todos nosotros', me decía."

El título del curso 1973-1974 incluyó uno de los hitos de la historia del Barça, el 0-5 al Real Madrid en el Santiago Bernabéu, una victoria en pleno franquismo que conserva aún hoy su carga simbólica. La impronta de Johan en el Barça, el fichaje más caro de la historia del fútbol en aquel momento, fue colosal pues completó desde el terreno de juego el cambio paradigmático que Michels, junto a Ruiz y Tort, estaban produciendo en las estructuras del club desde principios de la década del setenta. Sin embargo, su huella como futbolista —con sólo dos títulos en cinco años— se empequeñece ante el formidable legado que dejó en su paso por el banquillo azulgrana.

## *Johan, la revolución definitiva*

El corpus filosófico *cruyffista* no sólo se alimenta de las enseñanzas de Reynolds, Buckingham y Michels, también lo hace del propio aporte de quien, posiblemente, sea la figura más completa de la historia del fútbol. Cruyff contradice la sabiduría popular del fútbol, que asegura que los genios no saben enseñar porque jamás tuvieron que aprender nada. Marcó una época como futbolista y se superó en los banquillos. Su llegada al Barça en 1988 es la bisagra que da paso al fútbol contemporáneo.

Pero buena parte de responsabilidad en el éxito de Cruyff la tiene el propio Barça. Cuando Johan volvió al Camp Nou como entrenador reencontró a Tort, quien aún sostenía las vigas maestras de aquella estructura forjada en los tiempos de Michels y Laureano. La idea, sin embargo, se aplicaba sólo en el fútbol base, con Tort como coordinador. El despido de Laureano Ruiz restó fuerza a la idea y el primer equipo erraba por el fútbol tocando diferentes estilos sin dar nunca en la tecla que hiciera sonar una música propia. La partida de Michels y la llegada de Cruyff al banquillo está separada por diez años y diez entrenadores. Uno por año. Tan dispares como César Menotti y Luis Aragonés; Helenio Herrera y Joaquim Rifé; Lucien Muller y Udo Lattek; Ladislao Kubala y Terry Venables.

El puente entre el trabajo del fútbol base y el del primer equipo había sido dinamitado por las urgencias propias del profesionalismo. El Barça se había convertido en esos años en un equipo cualquiera. La llegada de Johan activó la recuperación del modelo implantado por Laureano Ruiz. Acaso por la dictadura de los nombres y los carteles, Cruyff haya tenido más fuerza que Ruiz para cambiar las cosas en el club. "A Johan se le dejó hacer lo que a mí me fue imposible —reflexiona Laureano—, ya que él sí pudo cambiar el criterio de selección de jugadores de todos los técnicos. No hay que olvidar que el mismo Pep Guardiola estaba condenado a no jugar hasta que llegó Cruyff y dijo que lo que importaba era el talento, no la estatura."

En aquel verano de 1988, el proyecto de La Masía como residencia de jóvenes promesas ya tenía nueve años de vida. La vieja casona lindante con el Camp Nou había sido parida para albergar a proyectos de futbolistas de fuera de Barcelona. "Es una idea adelantada a su tiempo", explica Carles Folguera, su director. "No es casualidad que haya sido la primera residencia destinada a jóvenes futbolistas. La gran diferencia de lo que ha hecho el Barça respecto de otros clubes es que desde siempre se ha encargado de la formación integral del joven que se aloja en La Masía para entrenar en algún equipo del fútbol base del club. Otras instituciones delegan incluso hoy la educación a colegios externos. Nosotros, en cambio, estamos pendientes de ellos, les inculcamos valores y les exigimos para hacerles ver que es compatible la vida como estudiante con la de futbolista." En palabras de Joaquim Rifé, titular durante muchos años del fútbol base del Barça, la gran virtud de La Masía como idea fue que "consiguió una estructura para que los niños salieran adelante sin sus padres. Esto hizo que el club haya tenido siempre un fútbol base especial, que no tiene ninguna otra institución".

Con casi una década de funcionamiento, La Masía le ofreció a Johan la primera hornada de promesas. Se asomaron al primer equipo gente como Guillermo Amor, Ángel Pedraza, Jordi Vinyals y Pep Guardiola. "La verdad es que no estaba del todo clara la idea de La Masía, al menos no tanto como ahora, que todo está mecanizado y en el club cada empleado tiene claro qué pasos se siguen para el desarrollo de los futbolistas de la casa. Pero incluso en aquellos tiempos lo que siempre estuvo claro fue hacia dónde se dirigía el proyecto. Lo básico era que el entrenador del primer equipo diese oportunidades y continuidad a los jóvenes de la cantera. Y Johan siempre confió ciegamente en la gente de la casa", asegura Vinyals.

En cuanto al fútbol, Cruyff sabía que necesitaba tiempo para que sus jugadores adquiriesen los automatismos propios de su método. Confió en que su condición de ídolo le daría el margen necesario y la paciencia de lo que él dio en llamar *entorno*, una palabra que engloba todo el barcelonismo más la opinión pública y publicada sobre el Barça. "El nuevo sistema de juego, basado en tres defensas, cuatro mediocampistas en rombo y tres delanteros, extrañó muchísimo al principio —confiesa Amor—, pero la plantilla confiaba en Johan porque veíamos que pasara lo que pasase seríamos un equipo que querría el balón, que sería protagonista, que jugaría para ganar. Entrenábamos con rondos y ensayábamos constantemente el juego de posición."

La alusión de un talento como Guillermo Amor al juego de posición no es caprichosa. Esta manera de jugar es la quintaesencia del estilo que en el Barça forjaron Laureano Ruiz, Michels, Cruyff y, más adelante, Louis van Gaal, Frank Rijkaard, Pep Guardiola y Tito Vilanova. Parte de las lógicas aplastantes que Cruyff suele utilizar para explicar su dogma: "Si la pelota la tienes tu jamás te podrán marcar un gol." Técnicamente, el juego de posición establece que un equipo coloca a sus jugadores a diferentes alturas y diseminados de una banda hasta otra, para mover al rival haciendo circular el balón y, así, crear espacios y pasillos por donde atacar. "Nunca se toca la pelota si un rival no sale a marcarte", reza Pep Guardiola. "No toques si no buscas generar nada. Debes tocar para superar líneas, buscar el tercer hombre, generar superioridades, pero nunca tocar lateralmente si no provocas nada", aconseja Juanma Lillo.

La victoria en la Copa del Rey en el verano de 1990 significó el oxígeno que Johan Cruyff necesitaba para continuar con su proyecto. A pesar de ganar la Recopa de Europa en su primer año, el triunfo copero contra el Real Madrid de *la Quinta del Buitre* le salvó de una destitución casi segura. "Siempre pensamos que el inicio del proyecto de Johan podía costar. Y no sé si éramos conscientes de que algo había comenzado aquella noche, pero una vez empezamos a ganar el nivel de confianza fue tan alto que llegamos a sentir que no podíamos perder ningún partido", dice Amor, autor de uno de los dos goles de la victoria. Aquella noche, en Valencia, cambió el ciclo. El Madrid de Butragueño cayó derrotado y el Barça parió al *Dream Team*, que ganaría las cuatro Ligas siguientes y llevaría al Barça a la gloria de Wembley, el 20 de mayo de 1992.

## *Los cimientos*

El Barça cambió por completo con el paso de Cruyff por el banquillo. A pesar de su polémico alejamiento y de la obsesión de la directiva de la época por relativizar su gestión, el barcelonismo encontró su identidad definitivamente. De hecho, las presencias en el banquillo de hombres como Bobby Robson o Llorenç Serra Ferrer se entienden como desviaciones de una línea que no se debería abandonar. Aunque nunca un club está totalmente a salvo de los golpes de timón de las directivas, los cimientos eran firmes. Pasara lo que pasase con el primer equipo, el club tenía claro de qué manera irrenunciable debía trabajar la base. No había debate al respecto.

En este sentido, cabe detenerse en lo que pasaba en el primer equipo durante los años en que Leo Messi fue adiestrado en el fútbol base. Vale la pena repasar cuán innegociable era para el Barça la formación de los jóvenes bajo un sistema que prima el talento por sobre el físico y trabaja a largo plazo, a pesar de que el primer equipo vivía un verdadero infierno futbolístico. La temporada 2000-2001, cuyo inicio coincide con el fichaje del argentino Messi, de trece años, inauguró una etapa depresiva, marcada por la marcha del capitán del primer equipo, Luís Figo, al Real Madrid, que acabaría campeón de Liga. Llorenç Serra Ferrer comienza como entrenador pero es destituido por el presidente, Joan Gaspart, que vivía su primer año de mandato. El primer equipo sufre una notable crisis de identidad. Pero la madurez de la estructura del club permite la coexistencia de dos maneras de trabajar. No es lo ideal, ya que el puente entre el primer equipo y el fútbol base está roto, pero resulta aceptable pues las categorías inferiores no sufren ningún cambio en su manera de trabajar. Lo hace como siempre.

Incapaz de reflexionar y apostar por gente de la casa, el Barça de aquellos años incorpora medianías asombrosas, como los brasileños Geovanni Deiberson y Fábio Rochemback, el sueco Patrick Anderson, los franceses Richard Dutruel y Philippe Christanval y el madrileño Alfonso Pérez. Por otro lado, la llegada de hombres como los argentinos Javier Saviola y Juan Román Riquelme y el vasco Gaizka Mendieta evidencia la falta de un proyecto integral capaz de cohesionar los diferentes estamentos del club. Especialmente en el caso de Riquelme, un fichaje presidencialista que no encajaba de ninguna manera en los planes de un entrenador como Van Gaal. El último año de Josep Lluís Núñez en la presidencia, el primer equipo ganó sólo la Copa Cataluña. Joan Gaspart, el presidente que, según él mismo aseguró, será recordado "por haber sido quien fichó a Messi", abandonaría en el curso 2002-2003 su cargo sin haber podido celebrar ningún título.

Ninguna réplica sintió el fútbol base del terremoto que vivía el primer equipo. Desde esa normalidad, los criterios de selección se mantuvieron siempre inalterables: primar la técnica por sobre las condiciones físicas. El escenario resultó propicio, entonces, para que se acogiera a cualquier talento y se le diese una oportunidad. Por más pequeño que fuese.

# *Cómo se le enseña a un genio*

"De todos mis entrenadores aprendí algo. En el Barça me enseñaron muchas cosas, pero nunca trataron de cambiarme el estilo."

Leo Messi

## *El nacimiento de una pasión*

En el suplemento "El Siglo del Deporte", que publicó en el 2000 la desparecida revista argentina *Mística*, el periodista Gonzalo Bonadeo aborda la figura de Björn Borg, delineando con maestría la gélida impronta del talento de Sodertalje. Cuando Leo Messi comenzó a ser objeto de todo tipo de opiniones por esa actitud de genio abstraído recordé una de las consideraciones de Bonadeo sobre Borg: "Tenía 26 años cuando decidió que el tenis era tan sencillo para él que ya no le interesaba jugarlo." ¿Podía ser también Messi un genio hastiado una vez consiguiera llegar a la cima?

En contraposición con otros estilos más exuberantes, como el de Ronaldinho, o más viscerales, como el de Maradona, el juego de Messi remite a genios como Borg o incluso Zidane, cuyas actuaciones parecen ejecutadas por máquinas perfectas. "Emocionan menos que un Maradona, por ejemplo, porque la idea de perfección no puede ser humana. Y si no es humano, no emociona", me apunta el periodista y psicoterapeuta Fabián Ortiz. Fue creciendo en mí la idea de Messi como un genio que en cualquier momento, harto de la parafernalia del fútbol, podría dejarlo todo, irse, decir "basta". Su época estaba signada por la presencia multitudinaria de la prensa, los actos publicitarios, los agentes, los intermediarios y todas esas distracciones propias del gigantismo que sufre el fútbol de las líneas que delimitan el campo hacia fuera. Lo imaginé agobiado de ese envoltorio, dando un portazo y refugiándose, taciturno y esquivo, a jugar con sus amigos en algún campo privado de Rosario.

Una tarde supe con certeza que Messi estaba hecho de un material diferente al de Borg. Lo comprobé luego de una charla con Jorge, su padre. Adidas presentaba en Barcelona la enésima bota diseñada para Leo. Al acabar el acto, Leo se dispuso a atender individualmente a la prensa. Mientras esperaba mi turno, Jorge accedió a explicarme el momento exacto en que él y su familia se dieron cuenta de que estaban ante un genio. "Fue durante un rondo que estábamos haciendo con todos mis hijos en el calle. Leo tenía cinco años. Mi hijo Rodrigo llevaba la pelota en los pies y Leo estaba en el medio, persiguiéndola. En un momento se lanzó a los pies de su hermano y se la quitó. Todos nos miramos, sorprendidos. Nadie le había dicho cómo se hacía eso. Le salió naturalmente." La anécdota tiene un evidente valor histórico. Pero, además, echa luz sobre lo que su familia supo advertir: la singularidad, el genio, reside menos en las virguerías que pueden hacerse con una pelota que en el afán por poseerla. En la pasión. Una llama que lo diferencia del genio hastiado que encarnó Borg.

## *Fútbol salvaje en la maleta*

"Aprendí muchas cosas en el fútbol base del Barça. Aquí se trabajaba diferente, tocando la pelota y con un sistema táctico. Yo venía de la Argentina, donde no hacíamos nada de eso porque allí todo era correr y poco más", reconoció Leo en octubre de 2012. Explicando de esa manera su evolución Messi se explica a sí mismo. El espíritu de la frase no es de crítica hacia el trabajo de las categorías inferiores de la Argentina, sino que constata una realidad, pues es a partir de los doce o trece años, edad en la que Leo partió hacia Barcelona, que los entrenamientos comienzan a dotarse de nociones y conocimientos tácticos concretos. La modalidad estructural no difiere demasiado de la escuela del Barça. Si bien los técnicos azulgranas buscan inculcar desde bien pequeños la costumbre del toque y la asociación, también tienen claro que no hay que cargar a los niños de directrices tácticas y estratégicas. Cuando Leo Messi llegó a Barcelona en septiembre de 2000 para efectuar una prueba en el Barça su fútbol ya había deslumbrado en Newell's. Pero tenía trece años, un talento infinito y, a ojos de los técnicos del Barça, un idioma futbolístico que aprender.

Leo Messi respondía como nadie al *Paradigma Maradona* de jugador argentino. Dotado de una técnica depurada hasta límites sorprendentes, fuerte aunque de poca estatura, con gran visión de juego, calidad para asistir, valentía y olfato de gol. Tal es así que, igual que hacía *el Pelusa* en Argentinos Juniors, también "el niño Leo Messi", como lo presentaba la megafonía, entretenía a los aficionados de Newell's en la media parte de los partidos del primer equipo. Bajaba las escaleras que conducían al terreno de juego dando toques al balón sin que éste tocase el suelo, hasta llegar al medio campo. Pero a pesar de jugar desde muy pequeño en clubes de fútbol, la sintonía fina con la pelota la había adquirido en los potreros de Las Heras, jugando con sus hermanos, ambos más grandes, sus primos y amigos.

Su viaje a Barcelona dejó atrás una última temporada formidable. Jugó en la categoría "décima" —lo que en Argentina equivale a Infantiles— defendiendo la camiseta de Newell's. Fue campeón y goleador. La frase de Adrián Coria, el último entrenador que tuvo en la Argentina, revela, a ojos de la escuela del Barça, el trabajo que había por hacer: "Era impresionante, hacía todo él solo." En el Barça le esperaba un método en el que el toque y la rápida circulación de la pelota eran dogmas a respetar de forma innegociable. De ninguna manera contemplaba la escuela catalana que Leo debiese hacer nunca "todo él solo". Pero si la adaptación de Messi al fútbol del Barça era importante, la capacidad del club para enseñarle el idioma futbolístico sin resentir el vuelo de su talento resultaba fundamental.

Tanto en el fútbol base como en el primer equipo ha quedado demostrado que jugar en el Barça no es para cualquiera. La misma estructura del club ofrece por defecto una solución económica: un jugador de la base se adapta por lo general más rápida y fácilmente al primer equipo que un profesional procedente de otro club.

## *Todo un mundo bajo la servilleta*

La cerveza Estrella Damm realizó una publicidad en la que hablaba de la idiosincrasia catalana explicando el contrato que, en la mesa del bar de un club de tenis, el Barça le ofreció al padre de Leo Messi. La anécdota conocida mundialmente explica que fue escrito sobre una servilleta. Quien la firmó fue el máximo responsable de fútbol de aquellos años, Carles Rexach. Vieja gloria del Barça, Rexach es conocido entre otras cosas por su personalidad de hombre más intuitivo que planificador, más bromista y contador de anécdotas que gestor riguroso del fútbol base. Se trata de uno de los personajes más entrañables del barcelonismo. De aquí que aquella anécdota quedase enmarcada como una "ocurrencia" de Rexach. Sin embargo, sólo un poco de historia ayudaría para entender que debajo de la servilleta existe toda una forma de entender el club que Rexach había aprendido caminando vestuarios y pasillos del Barça durante más de media vida en la que no sólo fue un jugador exitoso del club, sino que también se formó como técnico del fútbol base bajo la tutela del profesor Tort.

La anécdota de la servilleta ilustra uno de los pilares que sostienen la escuela del Barça: todo se pone en marcha a partir de una decisión exclusivamente técnica. El mecanismo del club se motoriza para respaldar una decisión que nace de los técnicos. No es parida ni desde los despachos, ni de los departamentos de márketing, sino del cuerpo de técnicos. La determinación de fichar a aquel niño que deslumbró enseguida en la prueba efectuada en los campos contiguos al Miniestadi fue innegociable para Rexach. Ya se encargarían los diferentes estamentos del club de ofrecer las resistencias del caso, presentar obstáculos legales y buscar anteponer intereses económicos. Pero la propia estructura de la entidad permitía que si, pese a todo, Rexach continuaba considerando vital la incorporación de aquel niño, el club respaldaría la decisión. Y así fue.

La grandeza de la escuela del Barça quedó evidenciada en el fichaje de Leo Messi. Lo tenía todo en contra menos su potencial. Era extranjero y, como tal, en principio no podría jugar en ninguna categoría estatal de fútbol base; tenía sólo trece años, una edad en la que aún se desconoce si tiene madera de futbolista profesional; sus padres deberían trasladarse a Barcelona y el Barça, buscarles trabajo; tenía un problema de crecimiento que obligaba al club a hacerse cargo de un costoso tratamiento. Rexach defendió la decisión en la más alta instancia. El presidente Joan Gaspart, que ya tenía más de un problema con un primer equipo que no daba la talla, le preguntó si valía la pena arriesgarse. Rexach dijo que sí. No hubo más que hablar. Siempre en su línea, Rexach escribió una sola palabra en el informe técnico que el club le había pedido para justificar el fichaje del niño argentino: "acojonante". Fue su manera de decirle al club que se trataba de un futbolista magnífico. Quien le pidió el informe fue uno de los directivos que, silenciosamente, más hizo por el fichaje de Messi: Joan Lacueva. Hombre de confianza de Gaspart, Lacueva reveló alguna vez una anécdota que explica por qué el Barça es una escuela de fútbol. Lacueva pagó de su bolsillo durante más de un mes el tratamiento de crecimiento de Messi. "¿Para qué lo haces, si tú no lo disfrutarás?", le preguntó un hombre del club de la época. No hubo respuesta. No hacía falta.

Como todas las que dio en su vida sobre un campo de fútbol, Leo Messi aprobó con notable la prueba del Barça. Joaquim Rifé, un emblema del barcelonismo que en aquel momento era director de fútbol base, organizó un partido para probar a Messi con jóvenes dos años mayores que él. Fue en esa prueba donde Rexach quedó prendado para siempre de Messi y decidió ficharlo. También estaban con Rexach y Rifé otros dos símbolos del Barça: Miguel Bernardo Bianquetti, "Migueli", y Enrique "Quique" Álvarez Costas. Messi, ligero como una hoja, cogió la pelota en el medio del campo, dribló a quien se le puso delante y marcó. Años después, Leo confesaría que en todo lo que lleva de carrera, "la única vez que realmente me sentí nervioso fue en aquel primer partido de prueba con el Barça". A pesar de aquellos nervios, encandiló a los técnicos con su fútbol. Ese día Messi y el Barça unieron sus vidas para siempre.

Fue fútbol a primera vista.

## Joaquim Rifé

La tarde del 20 de octubre de 2011 todo el barcelonismo se reunió alrededor del edificio de la nueva Masía del club, llamada *Masia – Centre de Formació Oriol Tort*, para dar por inaugurado el edificio con un acto multitudinario. Joaquim Rifé era uno de los invitados. "Estaba sentado justo detrás de Leo Messi, pero preferí no decirle nada, para no molestar. Al darse vuelta y verme se levantó y vino a sentarse a mi lado para abrazarme y preguntarme cómo andaba. 'Yo preguntaba por ti en el club, pero nadie sabía decirme cómo estabas', me dijo." Orgulloso, Rifé se reivindica como responsable directo del fichaje de Messi. "Todo el mundo se cuelga ahora las medallas, pero quien le fichó fui yo." En rigor, no le falta razón. Como director del fútbol base de la época, Rifé dio su beneplácito ante Lacueva luego de las recomendaciones de Rexach, titular responsable del fútbol de todo el club.

De la prueba efectuada a Messi, Rifé recuerda precisamente que "hizo falta solamente aquel partido para convencernos. El sistema que empleábamos en el club ante una buena promesa era invitarlo a que se entrenase unos días con nosotros, que jugara partidos para mostrar su nivel y así después los técnicos podían decidir. Con Messi advertimos rápidamente que era especial. Y enseguida estuvo en boca de todos. No era difícil prever lo que podía llegar a ser".

Rifé responde con toda normalidad una pregunta clave: "¿Cómo se le enseña a un genio? Tratándolo como a los demás, ni más ni menos. A ninguno de los técnicos se le escapaba que estábamos ante un caso excepcional, pero en el Barça siempre tuvimos la convicción de que, por más talento que pudiese atesorar un joven, la naturalidad es el único camino para que pueda crecer como persona y futbolista.

La gente que alaba a Messi —reflexiona— se detiene en su calidad técnica, pero se equivoca: su secreto es el carácter. Es sensacional para jugar profesionalmente, porque desde pequeño siempre fue un compañero servicial que por sobre todas las cosas evitaba tener problemas con nadie. Su mejor virtud es que la fama no le cambió. Habiéndose convertido en uno de los mejores jugadores del mundo no ha creado ni un solo problema, es un futbolista que mira por el equipo." En este sentido, Rifé desvela que entre los criterios de selección de jugadores del Barça siempre se tuvo en cuenta la calidad humana de los jóvenes, "porque por nuestra forma de trabajar resulta imprescindible que sea una buena persona, que haga equipo. Y Leo siempre ha sido una buena persona, jamás le ha faltado el respeto a nadie. Además le ha ayudado mucho el hecho de no tener prisa por las cosas, tener paciencia y pensar que llegarán si se trabaja. En el Barça hubieron muchísimos casos de grandes promesas que no llegaron al primer equipo por culpa de su carácter".

## *Los primeros maestros*

Al argentino del que ya se hablaba en los pasillos del club le correspondía sumarse, por cuestiones de edad, a la categoría Infantil A. Se trata del grupo de la Generación del '87, "acaso la mejor hornada de la historia del fútbol base", según Albert Benaiges, uno de los sabios que tuvo el Barça a cargo tanto de equipos de la base como de la escuela del FC Barcelona. Sin embargo, por su condición de extranjero, Messi no podía sumarse a ese equipo. Además, y a pesar de su calidad, el club entendía que no era correcto que, entrada como estaba ya la temporada, un nuevo futbolista aspirase a hacerse con un lugar en el equipo sin haber trabajado todo el año como los demás. Aquí se advierte otra de las decisiones que ilustran la convicción de los formadores del Barça. Rodolfo Borrell, el técnico del fútbol base más laureado de la historia del club, era el responsable de aquel Infantil A y estaba en sintonía con esa decisión. "Era espectacular. Rápidamente supimos que su mentalidad era extraordinaria. Pero no era justo que entrase en el equipo por un compañero que llevaba todo el año a un alto nivel." Aunque jamás mostró síntomas de divismo, queda claro que Messi debió acostumbrarse desde el primer día a ser tratado como uno más. Se le reconocía su calidad, pero ello no le permitía quedar fuera de las reglas colectivas.

De manera que Leo recaló en el Infantil B, que disputaba la Liga Territorial de Cataluña. Fue Xavi Llorens, otro gran conocedor de la casa, quien le acogió en su equipo. "Me hubiese gustado poder entrenarlo más y en partidos oficiales, pero entre algunas lesiones y el hecho de poder jugar pocos compromisos de competición, lo tuve poco." Llorens no pudo entrenarlo demasiado porque los comienzos de Leo Messi en el Barça fueron tan desalentadores que pusieron en entredicho su continuidad en el club: jugó sólo dos partidos en seis meses a causa de dos lesiones y de que el Newell's Old Boys de Rosario no estaba dispuesto a concederle el *transfer* internacional. El panorama no podía ser peor. El Barça, sin embargo, desdramatizó la situación y continuó centrando toda su energía en Messi, en el pequeño futbolista, en la promesa. Gracias a la experiencia de Albert Benaiges, por entonces entrenador de la categoría Cadete, el club propició el concurso de Leo en los partidos contra el Amposta y el Tortosa, para cumplir con el mínimo de dos duelos disputados en categoría infantil. Se trataba de un requisito federativo clave, pues si Messi, por su condición de extranjero, no lo hubiese cumplido no habría podido disputar un duelo oficial hasta cumplir los 18 años. Ambos partidos quedarán por siempre en la memoria de Leo. El primero, el 6 de marzo de 2001 en el campo del Amposta, fue su debut con la camiseta del Barça. Marcó un gol. Lucía el dorsal número nueve. El segundo, también inolvidable, fue contra el Tortosa. En una jugada fortuita, Marc Baiges le fracturó el peroné de la pierna izquierda. Vale la pena detenerse en cómo se produjo la lesión, pues puede resultar ilustrativo de la clase de jugador que siempre fue Messi, incluso en aquel tiempo en que no superaba los 149 centímetros de estatura. Baiges se disponía a rechazar una pelota que llegó a su posición justa para conectar de volea. Cuando cargó el pie para golpear el cuero una pequeña pierna salió de la nada a disputárselo. Era el incansable Leo.

"Era muy pequeño", recuerda Llorens. "Contra el Tortosa le coloqué en la banda izquierda, procurando que no le cazaran. Pero lo hicieron. No le vi derramar ni una lágrima. Nunca. Y si alguna vez tuvo algún bajón, yo no lo vi." Llorens recuerda a Diego Capel, el extremo izquierdo que brilló en el Sevilla, como el típico niño que, por la lejanía de su Sevilla natal y la familia, "lloraba antes de cada entrenamiento". Capel acabó volviendo a su pueblo. "Leo, en cambio, siempre fue muy fuerte, aunque no lo parezca por su timidez." Actualmente Llorens es el entrenador del primer equipo femenino del Barça. "Cuando me encuentro a Leo por los pasillos de la Ciudad Deportiva del club siempre se detiene a saludarme. '¿Viste cómo llegué?', me suele decir, sonriendo."

La pregunta retórica de Messi a su primer entrenador en el Barça tiene un por qué. No estaba claro en aquel momento que el pequeño Leo llegaría a ser quien hoy es. Llorens fue el técnico de la primera y más dura etapa de Leo. Aquella lesión contra el Tortosa inauguró una breve pero muy oscura época, acaso la de más incertidumbre. El infortunio se extendió de manera cruel cuando, ya recuperado de la lesión del peroné, se distendió los ligamentos del tobillo derecho al caer de unas escaleras. Al acabar la temporada, Leo y su familia volvieron a Rosario. Debían decidir qué hacer después de cuatro meses intensos. El Barça esperó una respuesta. El club tenía muchas esperanzas en el futbolista pero su influencia no podía ni debía ir más allá de esperar a que junto a su familia decidiese qué hacer.

A finales de agosto de 2001, Leo se reincorporó al trabajo en el Barça. Después de tanta mala suerte se cruzó en su carrera Albert Benaiges, entrenador del equipo Cadete preferente, un experto en formación que le ayudó a transitar un camino difícil, pues Messi continuaba sin tener el permiso para disputar partidos oficiales. La espera se volvió un calvario. Leo jugó torneos amistosos, como el organizado en Sitges por la Blanca Subur, el de La Roca del Vallès y, ya en enero de 2002, la Nike Premier Cup, donde la ya famosa Generación del '87 superó en la final al Espanyol por 3 a 0. El trabajo de Benaiges como entrenador de Messi no tendría el premio de un partido oficial, pues cuando finalmente el club pudo inscribir a Leo, el técnico había sido ascendido al Juvenil B. El 15 de febrero de 2002, cuando llegó a las oficinas del Barça el fax de la Federación Catalana confirmando la inscripción de Leo, su entrenador ya era Francesc "Tito" Vilanova, un exjugador de la casa que iniciaba su carrera como entrenador del fútbol base.

## *Tito, primera parte*

Con Vilanova se inició una etapa diferente. Era el momento que estaba esperando, el de competir y comenzar a crecer como futbolista. A pesar de que se trataba de una plantilla muy especial, el club le apuntó a Vilanova especialmente la presencia de Messi. Fue Carles Rexach, a quien Tito conocía de su etapa como futbolista, quien le puso al tanto de la existencia de Leo. En principio, porque durante los primeros entrenamientos la habilitación para jugar aún no había llegado y el joven argentino atravesaba una situación muy singular. Y luego, por una enorme calidad que no estaba acompañada por un físico acorde con su edad. Vilanova, que no tenía experiencia como técnico, fue conociendo de a poco a sus jugadores y al cabo de algunos entrenamientos advirtió que, pese a estar rodeado de otros muy talentosos, Messi era ya por entonces un futbolista especial. "Ya hacía cosas que nunca habíamos visto a jugadores de su edad", conviene Tito. "Pero yo no veía si llegaría o no, sólo veía que era muy bueno. Tenía grandes condiciones técnicas. Remataba maravillosamente, hacía jugadas imposibles, pero físicamente aún era muy poca cosa, era delgado y pequeño. La calidad debe venir acompañada del físico. Si no eres un superdotado no puedes ser el mejor." El cuerpo de Messi demoró un tiempo más en certificar que, efectivamente, también era superdotado. A pesar de su talento, para Tito y para el resto del club era imposible por entonces hacer una proyección exacta de hasta dónde llegaría Leo. "A esa edad no hay suficientes datos para calibrar si un futbolista superará todas las adversidades."

Recuerda Tito que Messi acabó de integrarse totalmente al grupo cuando le dejaron jugar, no antes. Tímido y muy reservado, para Leo todo comenzó oficialmente el 15 de febrero de 2002. Ese día Tito entró en el vestuario y explicó con solemnidad que el equipo tenía "un nuevo fichaje. Se llama Lionel Messi". Dos días después, en el campo del Can Vidalet, el Cadete B goleó 1 a 14 al conjunto local. Leo marcó tres goles. A finales de marzo ganaron la Liga, su primer título con el Barça.

La llegada de Vilanova coincidió con la gran explosión de la Generación del '87. "Se trata de uno de los equipos más fuertes que vi nunca en el club", reconoce Albert Benaiges, que los entrenó seis meses, antes de pasarle el testigo a Tito. La opinión de Benaiges es compartida de forma unánime por el resto de técnicos del club. Como suele pasar en el Barça, el elogio no tiene que ver exclusivamente con la calidad del equipo, sino con el carácter y la personalidad. Rodolfo Borrell, quien los entrenó en categoría infantil y sin un Messi aún muy consolidado —fue con el entrenador que Leo menos jugó—, es autor de una descripción inusualmente categórica: "Respetando y manteniendo una enorme consideración por todos los equipos que tuve la suerte de dirigir en el club durante doce temporadas, debo confesar que la Generación del '87 es la mejor de la última década en el fútbol base del Barça. Un equipo entregado, trabajador, con gran personalidad, extremadamente talentoso, agresivo, plástico, tácticamente impecable, técnicamente exquisito, listo, con gran capacidad de aprendizaje, de juego inteligente, impactante, solidario, eficaz, emocionante, con gran capacidad para enamorar al espectador, tremendamente ganador... Podría continuar hasta el infinito. Todo eso que se dice cuando queremos hablar de un señor equipo. Un equipo extraordinario." El destino de Messi quiso que aterrizara en aquella generación para muchos inigualable. Y si bien una lectura puede ser que fue un afortunado por tener esos compañeros, también podemos convenir que destacar cómo lo hizo Messi desde el primer día a pesar de estar rodeado de la mejor cosecha de futbolistas del fútbol base del Barça tiene un mérito notable.

La explosión de la Generación del '87 coincide con un paso clave en la escuela del Barça: el que va de la categoría infantil al primer año como cadete, el denominado Cadete B. A pesar de que se intenta inculcar la cultura del toque desde bien pequeños, al llegar a la categoría cadete los entrenamientos comienzan a cambiar. Si en infantil se trabajaba con la premisa de no recargar a los jugadores de conceptos tácticos, en el juvenil comienzan a trabajar a fondo en la manera de jugar que pretende el Barça. Los que llegan a esta instancia lo han hecho por su notable calidad. Y la Generación del '87 puede dar fe de ello, pero ya no se trata de regatear rivales ni de mostrar lo que la técnica les permite hacer. "La idea es que comiencen a jugar a un toque e identifiquen el momento indicado para desequilibrar con su técnica", señala Tito.

Las cosas comienzan a encajar para Leo. Después de un tiempo durísimo de aclimatación, la llegada de Vilanova parece equilibrar su vida como futbolista. Se pone a la par de sus compañeros. El primer año de cadete le sirve para crecer físicamente y para explotar en lo futbolístico, lo que le permite acabar de integrarse a un grupo que le marcará. Tito apunta como "vital" la experiencia del viaje a Pisa, donde jugaron el Trofeo Maestrelli y Leo pudo compartir un largo período con sus compañeros. Acaso la mejor anécdota sobre cómo Leo se integró al grupo a través del fútbol haya sido la exhibición que ofreció dando toques al balón arriba de un escenario en un torneo en Suiza. La gala final presentaba el espectáculo de un malabarista del balón, pero los mismos compañeros de Leo empezaron a pedir con cánticos que subiese el argentino a mostrar sus habilidades. Leo lo hizo. Y aseguran que mejor que el especialista. Después de un inicio de temporada convulso, el curso acabó de la mejor manera. Con Tito, se sabe, se reencontraría muchos años después. El primer encuentro de ambos resultó clave: Leo encontró su lugar en el Barça, un tesoro equivalente a encontrar su lugar en el fútbol y acaso en el mundo. Tito, por su lado, suele recordar como muy singular la facilidad con la que Messi asimilaba cualquier concepto táctico. Le explicaba algún movimiento y nunca más debía volver a recordárselo, como hacía con otros futbolistas, pues Leo lo incorporaba naturalmente. La inteligencia táctica fue otra de las virtudes que Messi comenzó a mostrar cuando se sintió del todo cómodo en el equipo y en el club.

De manera que, acabado el primer año de cadete, todo comenzó a fluir naturalmente. Ya no hubo más trabas.

## *Consolidación y cambios*

Tito Vilanova le dejó a Álex García un equipo "muy bueno, con jugadores individuales excelentes y colectivamente impecable", reconoce quien recogió el testigo en el segundo año de Cadete. "Lo único que debía hacer era continuar con el trabajo y aportar lo correspondiente a la nueva categoría." Fue la explosión definitiva de Leo, que acabó el año con su primer registro goleador notable en el Barça: 37 goles en 30 partidos. Una de las causas fue la regularidad que consiguió en el equipo. Fue titular gracias a su talento, está claro, pero también al hecho de que el mediapunta que había sido titular en todas las categorías con la Generación del '87, Marc Pedraza, acababa de dejar el club para fichar por el Espanyol, club que también incorporó a su padre, Ángel Pedraza, como entrenador. Fallecido a comienzos de 2011 víctima de una grave enfermedad contra la que luchaba desde hacía un año, Ángel Pedraza es un futbolista emblemático para la historia del club, pues fue el primer inquilino de La Masía que logró debutar con el primer equipo, de la mano de Johan Cruyff.

Vale la pena ponerle nombres y apellidos a los más destacados integrantes de la Generación del '87. Además de Marc Pedraza también la conformaban futbolistas como Gerard Piqué, Cesc Fàbregas, Frank Songo'o, Víctor Vázquez, Marc Valiente, Toni Calvo y Lionel Messi, entre otros. "Marc Pedraza era titular con el equipo desde la categoría de alevines. Su adaptación era total. Leo no fue titular indiscutido hasta la marcha de Marc", explica Álex García, quien recuerda que "por culpa de lesiones y temas de papeles, Leo no había jugado muchos partidos desde la llegada al club. Con Tito comienza a jugar. Nosotros intentamos que explotara sus virtudes, que aprendiera a gestionarlas, pero, sobre todo, que adquiriese una noción de fútbol colectivo. Tú puedes ganar un partido solo, pero siempre necesitarás a tus compañeros. Él creció en un grupo donde acabó siendo la guinda, pero donde también había otras guindas, como Piqué, Víctor Vázquez, Frank Songo'o. No era del que más se hablaba. Ser muy bueno en un ambiente donde había un nivel altísimo le benefició mucho".

Messi ocupó el lugar de Marc Pedraza en un equipo que jugaba como todos los de la base, un 3-4-3, con los cuatro mediocampistas dibujando un rombo. El equipo deslumbraba. Lo ganaba todo. Pero no se trataba sólo de ganar. García comenzó a implementar lo que en la escuela del Barça ya tocaba en esa categoría. "El entrenador de base lo único que tiene que hacer es que no se pierda el trabajo anterior, que haya continuidad, y comenzar a introducir novedades que, dada su madurez, los jugadores ya puedan asimilar. Básicamente, novedades referidas a la táctica. Lo que introduje para Leo fue el cambio de demarcación. Leo jugaba en el vértice superior del rombo y tenía, por tanto, tres delanteros por delante, como receptores de sus pases. Comencé a cambiarlo de banda, como extremo, e incluso lo coloqué como delantero centro, para que tuviese más versatilidad en su juego. Lo que buscas con eso es que se adapte a demarcaciones diferentes. No todo el mundo juega 3-4-3. En aquel momento —apunta García— ni el primer equipo jugaba así. Eran tiempos de Louis van Gaal. No había una relación directa entre la manera de jugar del primer equipo y los de la base."

Recuerda Álex García que a Leo "le costó asimilar el trabajo de polivalencia. Jugaba como mediapunta, muy libre, y cuando lo colocábamos en la banda, a medida que pasaban los minutos iba centrando su posición hasta regresar a la mediapunta. Durante el partido eran constantes mis gritos: 'Leo, ábrete', porque nuestro sistema necesita de la amplitud que nos deben dar los jugadores de banda. A mí no me venía mal lo que hacía, pero no era lo que buscábamos para él y para todos. Cuando enviaba a Leo a una banda, probaba a Cesc Fàbregas como mediapunta".

El Cadete A completó una primera vuelta brillante. En la segunda, los rivales ya le conocían y sus partidos devinieron en algunos casos en auténticas batallas. Álex García recuerda un partido durísimo en casa contra la Damm, "con faltas a Leo impropias de la categoría". El partido tomó tal temperatura que el propio García se enfrentó con el árbitro porque consideraba que no estaba protegiendo a jugadores como Messi. "Por su forma de jugar Leo puede recibir muchas faltas. Cuando vi que el árbitro no hacía nada para evitarlo, le grité a Leo que si no le protegía el colegiado lo haría yo, y le cambié. Los partidos de fútbol base se deben ganar con las armas del fútbol únicamente, porque son formativos. Si como entrenador das consignas a tus jugadores para que agredan a un rival, te equivocas." La cuestión era, como recuerda García que "los rivales intentaban parar a Leo y no podían, por eso hacían faltas sin balón y a destiempo", algo que el propio García nunca había visto. "A diferencia de los chicos de mi edad —recuerda Leo— físicamente era muy pequeño cuando llegué. Era el más pequeño de todos. La diferencia se notaba. Siempre tuve buenos compañeros y fui el protegido por el hecho de ser el más pequeño. Jugaba contra rivales más grandes en físico y en edad. Y siempre me sentí protegido por mis compañeros."

La temporada acabó con Messi como único futbolista que disputó todos los partidos de Liga, treinta. Sólo Víctor Vázquez, quien hasta ese momento había sido el *crack* de la Generación del '87 en todas las categorías, se le acercó con 31 goles a la cifra de 36 que marcó Leo, convirtiéndose en el gran artillero de la Liga. El Cadete de Álex García lo ganó todo ese año. Sin embargo, el curso acabó con otro cambio grande para Leo. Si el inicio había quedado marcado por la marcha de Marc Pedraza al Espanyol, el final de temporada dejaba el regusto amargo del fichaje de Cesc Fàbregas por el Arsenal inglés. "Estaba raro en los últimos partidos y le pregunté qué le pasaba", explica Álex García. "Me lo comentó y me dijo que le entusiasmaba el proyecto. No te avances. En su momento ya decidirás", le dije. "Primero había sido Pedraza, luego Cesc y más adelante, Piqué, que se fue al Manchester United. Leo se fue quedando de alguna manera solo."

## *Vivir en un ascensor*

El curso 2003-2004 resultó el más intenso en la carrera de Leo Messi en lo referente a las categorías en las que le tocó jugar. Decir que arrancó el curso jugando como juvenil de primer año y lo terminó en el filial para, sólo unos meses después, debutar en el primer equipo, resulta suficientemente ilustrativo del año en que Leo vivió en el ascensor de categorías. "No es lo más aconsejable, la verdad", reconoce

Álex García. En medio de todo el proceso hubo grandes cambios en el fútbol base. La nueva junta directiva encabezada por el flamante presidente Joan Laporta colocó allí a su gente. Así, Joaquim Rifé, el responsable del fichaje de Leo Messi, dejó su cargo como director del fútbol base, que pasó a ocupar Josep Colomer, un hombre de confianza del por entonces vicepresidente deportivo, Sandro Rosell. Como suele pasar en todos los clubes —en este caso el Barça no supo ser una excepción— se produjo el efecto dominó y casi todo cambió desde la punta de la pirámide hasta abajo.

En aquel momento, verano de 2003, Leo ya era una celebridad que convenía seguir de cerca y acompañar en su camino cada vez más cercano al primer equipo. Colomer acabó siendo uno de los responsables de que Messi fuera quemando etapas al ritmo de su propia progresión futbolística.

Acaso la designación del argentino Ángel Guillermo Hoyos como entrenador del Juvenil B, nuevo equipo de Messi, haya sido por entonces una de las decisiones de Colomer destinadas a rodear a Leo del mejor entorno posible. Exjugador del Boca Juniors y la selección argentina, Hoyos entabló gran relación con Messi en una etapa muy intensa y, a la vez, vital en su formación física, pues durante aquella temporada experimentó un salto cualitativo: ganó altura y peso, lo cual benefició su juego. A su calidad le añadió potencia. Su evolución resulta notable en aquellas semanas en que, rápidamente, el cuerpo técnico liderado por Hoyos advirtió que era hora de cambiar.

Luego de una serie de torneos en los cuales Leo destacó de manera evidente sobre el resto, Hoyos, quien veía en Messi un jugador "igual a Maradona", decidió elevar a Colomer un informe para que tanto Leo como Gerard Piqué fuesen promocionados a un categoría mayor, ya que el Juvenil B parecía haber quedado pequeño para el fútbol que producían ambos. La determinación no deja de ser admirable por honesta. Hoyos, fichado especialmente por Colomer tras conocerle trabajando en el REDH de Tossa de Mar, podría haber dilatado la decisión en busca de más victorias para su equipo y más prestigio propio. Pero miró por el futuro de ambas promesas. "Estamos perdiendo el tiempo", le dijo a Colomer. "Deben dar el salto ya." Fueron sólo tres meses los que entrenó Hoyos a Messi. Colomer llamó entonces a Sandro Rosell para informarle de que había decidido subir de categoría a Messi y Piqué. Juan Carlos Pérez Rojo esperaba en el Juvenil A. El exfutbolista del Barça promovido por César Luis Menotti era por entonces el entrenador del nuevo destino de Leo. En los once partidos de Liga que disputó bajo las órdenes de Rojo, Leo marcó 18 goles. En un momento de la temporada, Leo jugó al mismo tiempo con el Juvenil A y el Barça C. Tuvo un breve paso por el Barça B y, luego, cuando el equipo de Hoyos le necesitó para ganar el torneo, acudió sin problemas a ayudar a los compañeros con los que había comenzado una temporada intensa y llena de novedades. "Los futbolistas deben jugar en la categoría en el que se sientan importantes —explica Tito Vilanova— y donde puedan jugar bien. A veces te arriesgas a frustrar al jugador si lo subes demasiado. Si ves que ni se divierte ni se lo pasa bien, debes cambiar. Pero si ves que está motivado y tiene nivel para jugar, lo mantienes. Al final, lo que hacemos es ponerle complicaciones que, si las resuelve, le harán mejorar y crecer." De acuerdo con Hoyos, para Vilanova también es una "pérdida de tiempo" mantener un buen jugador en una categoría que le quede pequeña.

Jugar en cuatro categorías diferentes sin poner ningún problema, con una humildad encomiable y un espíritu de lucha y motivación constantes fue algo que el Barça quiso premiar. Ajeno a todo divismo, Leo subió, bajó y siempre estuvo dispuesto a ayudar; "incluso cuando no podía entrenar por problemas de pubis, jugó algunos partidos para ayudar al equipo", explica Rojo. Colomer pergeñó la idea del premio para Leo. Con Frank Rijkaard diseñando la convocatoria para un amistoso en Portugal llegó la ocasión indicada.

## *El nacimiento del Dragón*

—¿Quién es Messi?
La pregunta ilustra la personalidad de Frank Rijkaard. Mientras el fútbol base del Barça era un torbellino de ilusiones ante cada actuación de la gran promesa argentina, el entrenador del primer equipo,

a una distancia más que prudencial del fenómeno, pedía informes al técnico del filial, Pere Gratacós, sobre el pequeño talento del que todos hablaban. Hombre reflexivo, Rijkaard nunca se dejó llevar por las mareas barcelonistas que le demandaban con premura el concurso del joven Messi. Posiblemente se le deba a ese accionar pausado la sólida evolución de Leo, a quien le costó más de un año hacerse con un lugar en el equipo titular, a pesar de sus formidables condiciones.

"Llévate a los mejores, Frank. Llévate a Messi", le dijo el entrenador del Barça B, Pere Gratacós, a Rijkaard cuando le solicitó algunos futbolistas de su equipo para completar la expedición que debía jugar el duelo amistoso contra el Porto, que inauguraba su Estádio do Dragão. La Liga no había empezado nada bien para Rijkaard, por lo que el amistoso en Portugal era un quebradero de cabeza. El partido debía disputarse el domingo 16 de noviembre, día en que no se jugaba jornada de Liga ya que las selecciones disputaban compromisos clasificatorios para la Eurocopa 2004, que organizaban los portugueses. Para completar la convocatoria, Rijkaard hizo caso del consejo de Gratacós. Messi ya era una celebridad en el fútbol base del Barça y ante el club de Oporto tendría su debut de fuego.

Como tantas otras veces, Josep Colomer, el responsable de todo el fútbol base del club, fomentó la promoción del argentino de 16 años. Jordi Gómez fue otro de los talentos del Juvenil A convocado por Rijkaard. El padre de Messi, Jorge, había sido advertido días atrás por Colomer sobre la posibilidad de la convocatoria de Leo. El jueves por la tarde, finalmente, Colomer confirmó la convocatoria y Jorge habló con Leo por la noche. "Creí que era una broma", suele recordar el futbolista.

El bautismo se produjo al calor del fuego del Estádio do Dragão. Messi confesaría días después que "a pesar de estar nervioso quería entrar a jugar". Sentado en el banquillo y suplicando en secreto un gesto de Rijkaard para que fuese a calentar, éste llegó a un cuarto de hora para el final del partido. Substituyó a Fernando Navarro. A Rijkaard le asombró la tranquilidad del argentino a pesar de que era su debut absoluto con el primer equipo, aunque, fiel al estilo de la casa, el holandés no atizó el fuego de los elogios apresurados. "Lo que dije de bueno de los demás debutantes va también para él. Crear dos ocasiones de gol en tan poco tiempo está muy bien, y con un poco de suerte casi marca un tanto. Se ve que tiene cualidades y mucho fútbol, pero todavía es muy joven y no hay que presionarlo." Messi declaró días después que se había "cumplido el sueño" de jugar "al lado de futbolistas con tanta experiencia como Luis Enrique, Xavi y Márquez. Ojalá pueda más adelante seguir jugando con el primer equipo".

Años después de su paso por el fútbol, Messi reflexionó sobre sus maestros. "De todos aprendí. Todos son culpables de que yo esté donde estoy ahora. Sería injusto olvidarme uno. Me cambiaron y costó, porque a mí me costaba. De a poquito lo consiguieron, tuvieron mucho mérito, porque no se lo puse fácil, siempre fui muy cabezón. A veces tengo la sensación de que mi manera de jugar no ha cambiado nada. En el Barcelona me enseñaron muchas cosas, pero nunca trataron de cambiarme el estilo… aunque no es del todo cierto. Cuando llegué pasaba poco la pelota, pero en muchos partidos sólo podíamos jugar a dos toques."

# *Rijkaard*

"Fue Frank quien me dio la oportunidad de debutar con el Barça y quien me dio su confianza cuando tenía 16 años. Apostó por mí, me dio todo y creo que gracias a él conseguí lo que tengo."

Leo Messi

Frank Rijkaard había llegado al Barça luego de uno de los primeros golpes de timón del por entonces flamante presidente Joan Laporta. Llamado a regenerar el club tras los años oscuros de la presidencia de Joan Gaspart, el joven presidente amante de la filosofía de Johan Cruyff tenía claro que el entrenador del primer equipo debía ser un holandés. Guus Hiddink y Ronald Koeman, en este orden, fueron las opciones iniciales. Pero ninguno de los dos podía venir al Barça. Hiddink estaba a punto de renovar como mánager del PSV Eindhoven y por Koeman había que pagar una cláusula, pues tenía contrato en vigor con el Ajax. El nombre de Rijkaard llegó a la mesa de la directiva a propuesta de Laporta. Cruyff bendijo la idea, igual que Txiki Begiristain, secretario técnico. "Es muy tranquilo", fue el único defecto que remarcó Cruyff en aquella reunión. Pero la estampa de ganador con el Milan de Sacchi y de heredero de la escuela del Ajax, donde había comenzado y acabado su carrera con gran éxito, pesaron más que su bagaje como entrenador. En los banquillos figuraba un descenso con el Sparta de Rotterdam y una correcta aunque decepcionante Eurocopa 2000 como seleccionador holandés, pues las expectativas que había generado como anfitrión no fueron cubiertas con la eliminación en semifinales ante Italia. La Holanda de Rijkaard, sin embargo, desplegó un buen fútbol, fue el equipo más goleador junto al campeón, Francia, y registró al máximo artillero del torneo, Patrick Kluivert. En todo caso, lo que el Barça buscaba era que el joven entrenador lograse transmitir su impronta de futbolista ganador a una plantilla llamada a acabar con cinco años sin títulos.

A pesar de tener en Ronaldinho a su fichaje estrella, el proyecto estuvo a punto de truncarse al acabar la primera vuelta. La goleada en Málaga 5 a 1 dejó al holandés al borde de la destitución. La derrota siguiente, en el Camp Nou contra el Real Madrid, significó la activación de todas las alarmas. Un punto ganado de doce posibles hundió al equipo hasta la undécima posición en la clasificación liderada por el Real Madrid, poseedor de trece puntos más que los azulgranas. "Hay motivos para creer en la mejoría", se limitó a decir entonces Begiristain. La segunda vuelta le daría la razón. El Barça fue subcampeón luego de una remontada genial en la que dejó atrás al Real Madrid.

## *Ronaldinho como aprendizaje*

Xavi Hernández fue el autor de un gol que simbolizó aquella remontada. Se lo marcó al Madrid en el Santiago Bernabéu. Voló ante Casillas para conectar una asistencia de Ronaldinho que dibujó la parábola perfecta para que el catalán definiese 1 a 2 la victoria final. Aquel subcampeonato se explicó desde la fuerza. La contratación de Edgard Davids en el mercado de invierno imprimió al equipo, se dijo entonces, un energía que hasta ese momento no tenía. Rijkaard, además, retocó el dibujo táctico sensiblemente. Abandonó los dos pivotes en el medio campo y presentó un 4-3-3 con Ronaldinho como extremo izquierdo. Pero Xavi desmiente aquella teoría de la fuerza. "Quien nos cambió la mentalidad fue Ronaldinho. Cambió la dinámica de nuestro fútbol. Nos convenció de que éramos mejores y a través de su alegría nos imprimió carácter ganador, nos devolvio el orgullo perdido. Cuando tienes en tu equipo al mejor jugador del mundo debes darlo todo para aprovecharlo." Así, años después, cuando Leo se convirtió en el mejor del planeta, Xavi tenía la lección aprendida. Y supo entender desde el principio lo que un talento como Messi necesitaba de él y del equipo para llevarlo hasta lo más alto. Xavi, por otro lado, le debe a Rijkaard su clarividencia táctica. El holandés le quitó el pesado cartel de heredero de Pep Guardiola para colocarlo diez metros más adelante en el campo. De mediocentro pasó a ser interior derecho. Así supo explotar toda su calidad hasta convertirse, probablemente, en el mejor mediocampista de su generación.

La determinación de la directiva de mantener a Rijkaard y la reacción de la plantilla liderada por Ronaldinho devolvieron la ilusión al Camp Nou. El objetivo de acabar con la sequía no se había conseguido, pero las buenas sensaciones daban esperanza. El Barça superó en la clasificación al Real Madrid y fue subcampeón de la Liga ganada por el Valencia.

Las ilusiones se alimentaron durante el verano con fichajes notables como el de Deco, Edmílson, Belletti, Giuly, Larsson, Silvinho y el camerunés Samuel Eto'o, punta de lanza de un equipo que Rijkaard imaginó heterodoxo y simétrico, con la única excepción de Ronaldinho, un diestro arrancando desde la banda izquierda para trazar la diagonal y buscar el gol. El resto del equipo se diseñó tal y como mandan los libros. Encontró en Giuly un extremo bien abierto por la derecha y en Eto'o el delantero voraz que necesita un equipo que genere mucho juego desde las bandas y entre líneas. Creó una gran sociedad de interiores con Xavi por la derecha y Deco por la izquierda y pensó en Edmílson como su hombre fuerte en el mediocentro, por delante de los centrales. Posiblemente haya sido ésta una de las innovaciones de Rijkaard respecto del ideario *cruyffista* que quería aplicar el Barça de Laporta. La figura de un mediocentro fuerte en lugar de la del clásico "4" talentoso y tocador, como Luis Milla, Guardiola o el propio Xavi. Tan innegociable era para Rijkaard que el mediocentro fuese un hombre de toque pero fuerte, que, lesionado Edmílson, reconvirtió al defensa central Rafa Márquez a esta demarcación.

Pero si un mediocentro potente fue su sello, la decisión de conseguir para Ronaldinho un lugar desde el cual pudiese desplegar sus alas de técnica y hacer volar su talento fue crucial. Para el brasileño, para el equipo y, también, para cuando llegase, más pronto que tarde, el momento de encontrar un lugar en el equipo a Leo Messi. Aquel dibujo asimétrico con un talento que utilizaba la banda únicamente como plataforma de despegue fue revelador. Rijkaard cumplió su cometido principal como entrenador: generar el campo más propicio para sacar lo mejor de sus discípulos. El más brillante Ronaldinho no se vería en otro lugar ni momento que no fuese en aquel Barça del verano del 2004 hasta, posiblemente, la final de París. Luego, se sabe, la inesperada e imparable caída libre del brasileño marcó el bajón de rendimiento hasta su marcha al Milan, en el verano de 2008.

Ronaldinho, a quien Messi siempre le ha sabido agradecer la bienvenida que le dio cuando llegó al primer equipo, fue sin saberlo una fuente de aprendizaje para todos. También para que Rijkaard supiera qué hacer con Leo.

El salto del Barça B al primer equipo comprende en el Barça un proceso de selección natural de máxima exigencia. Al llegar a profesional, también Messi debió enfrentarse a los cambios a los que están condenados aquellos jóvenes que actúan como mediapunta en el fútbol base. El hecho de que el Barça apueste en las categorías inferiores por un dibujo táctico basado en el 3-4-3 perjudica a los talentos como Messi, pues al llegar al primer equipo se encuentran con que su demarcación no existe. En las categorías inferiores, Messi, se sabe, jugaba habitualmente en la zona del vértice ofensivo del rombo formado por cuatro mediocampistas. Es decir, de media punta, de *enganche* argentino. Al ser promocionado al primer equipo se encontró con un 4-3-3. En este dibujo táctico no existe la demarcación de enganche, pues el medio del campo cuenta con un jugador menos y la defensa con uno más respecto al dibujo utilizado en el fútbol base. De aquí que la promoción del mediapunta al primer equipo tenga un doble inconveniente. El aspirante no sólo debe jugar bien, sino que está obligado a hacerlo en una demarcación en la que no está habituado a jugar. Messi no desconocía la posición de extremo derecho.

Con Álex García jugó varios partidos en la banda, aunque su lugar en el equipo era el de *enganche*. Con aquel mínimo conocimiento táctico ofrecido por el entrenador en su etapa de cadete, más su formidable talento para desequilibrar en cualquier lugar del campo, Messi no tuvo ni siquiera que pasar por un período de adaptación. "Leo estuvo sometido a un cambio habitual —relata Tito Vilanova—. Como él, otros mediapuntas con talento como Víctor Vázquez o Iago Falqué debían reciclarse como extremos. Pero acaba sobreviviendo aquel que no sólo tiene mucha calidad, sino también inteligencia para adaptarse al cambio. Leo lo hizo muy bien en la banda, pero su lugar natural en el campo no era éste." Víctor Vázquez y Falqué, talentos realmente prometedores del fútbol base, no pudieron hacerse jamás un lugar en el primer equipo.

Rijkaard, además, ya estaba completamente seguro de que jugando un 4-3-3 el mejor y único lugar para un talento como Messi era la banda, pues así lo había corroborado con Ronaldinho. Después de algunos experimentos realizados durante una primera vuelta, la de su primera temporada en el club, en el que dudaba de cómo colocar a Ronaldinho para potenciar su talento, el holandés encontró para él la banda izquierda y, así, a pierna cambiada, el brasileño alcanzó su mejor nivel. Cuando llegó el momento de Messi, Frank no dudó en que esta especie en extinción, a la que se debía liberar de responsabilidades defensivas, encontraba en la banda el mejor refugio para su fútbol.

## *Bendita la calma exasperante de Frank*

Cuando Frank Rijkaard decidió que era el momento de hacer debutar a Leo Messi oficialmente, el barcelonismo llevaba casi un año preguntándose cuándo lo haría. Había pasado casi un año desde el bautismo de fuego en Portugal. Y Messi continuaba dando que hablar en el Miniestadi, goleando y brillando en cuatro categorías diferentes.

Eusebio Sacristán es el único técnico que acompañó a Rijkaard en sus cinco temporadas en el Barça. Primero como ayudante de campo y luego como segundo entrenador. Discípulo de Johan Cruyff, quien confiaba en él incluso para colocarlo como lateral a pesar de su naturaleza de mediocampista, el vallisoletano acompañó al holandés en el proceso de administración del talento de Messi. "A veces el impulso por mostrarle al mundo el tesoro que tienes te puede llevar a la impaciencia. Además, cuando empezó a entrenarse con el primer equipo en cada sesión mostraba algo nuevo, nos sorprendía constantemente. Pero Frank lo tenía muy claro." Las reuniones periódicas que celebraban los técnicos del primer equipo comenzaron a tener a Messi como tema principal. "Se reflexionaba sobre cómo dosificar su talento, qué cantidad de minutos darle." La obsesión de Rijkaard fue siempre no recargar a la estrella emergente con presiones innecesarias. De hecho, ya debía luchar Messi con todas las expectativas que el club no podía controlar, procedentes de la prensa y la afición. Aquella decisión aislada y ya un poco lejana en el tiempo de hacerlo debutar contra el Porto había servido. "Nos aclaró algunas cosas", reconoce Eusebio. "La más importante fue que no se ponía nervioso en un estadio grande y abarrotado. Pero fueron los entrenamientos los que nos ayudaron a calibrar realmente la dimensión futbolística de Leo. Su carácter competitivo y su motivación diaria eran inusuales." Eusebio, de hecho, da cuenta de una especie de fuerza hipnótica que tenía el fútbol de Messi sobre los técnicos. "Solamente recordabas que era un niño cuando lo veías fuera del campo, siempre tímido, introvertido, respetuoso, porque cuando jugaba era atrevido, siempre pedía la pelota y se animaba a enfrentarse a cualquiera. Esta especie de doble personalidad ha sido siempre un rasgo de su identidad." Eusebio recuerda con cariño la frase más utilizada por los técnicos en aquella época. "Nos mirábamos luego de alguna gran jugada de Leo y decíamos 'El niño, increíble'."

Pero si la calma de Rijkaard no resultó tan exasperante ante la afición ávida de ver a Messi fue porque el equipo rodaba como la seda. Leo debutó a los 82 minutos del derbi catalán contra el Espanyol en el estadio de Montjuïc. Substituyó al autor del único gol, Deco. Entró poco en juego, aunque se mostró constantemente y pidió la pelota sin ningún pudor. Messi nació oficialmente en un Barça que lideraba cómodamente la Liga con 19 puntos en 7 jornadas disputadas. Era el único equipo que se mantenía invicto y su juego, primaveral y exuberante, comenzaba a cautivar a propios y extraños. Aunque Messi, por su calidad infinita, hubiera sido al menos parecido a quien es hoy en el fútbol, la coyuntura en la que ingresó al equipo resultó crucial para su desarrollo. En este sentido bastaría sólo con recordar otro ejemplo de gran futbolista de la cantera del Barça, Bojan Krkic, quien tuvo la mala fortuna de debutar en tiempos más difíciles, un peaje que acaso se haya convertido en el principal obstáculo para consolidarse en el primer equipo.

La frase de Leo al acabar el partido resume lo que significó debutar al calor del que tal vez haya sido la versión más lograda del Barça de Rijkaard. "Jugué unos pocos minutos, aunque me facilitó mucho las cosas que el equipo tuviera más que controlado el partido."

Persistente en su manera reposada de llevar las cosas, Rijkaard le volvió a dar poco más de quince minutos de juego a Messi en el duelo contra Osasuna, en el Camp Nou, resuelto con una goleada plácida. Pero luego le dejó en el banquillo durante siete partidos que el holandés entendía de alto voltaje futbolístico, incluyendo el 3 a 0 al Real Madrid en el Camp Nou, considerado por la prensa como el cambio de ciclo, de la era "galáctica" del Madrid de Florentino al nuevo Barça de Ronaldinho. Aquel era, precisamente, el momento de Ronaldinho. Su esplendor. La irrupción y presencia de Messi era complementaria. De alguna manera, el argentino completaba un sentimiento pocas veces experimentado con tanta certeza: que el presente era inmejorable y el futuro estaba asegurado. Hubieron y habrán siempre simulacros sobreactuados alrededor de certezas similares. Pero difícilmente tengan tanto fundamento como en aquella temporada 2004-2005, en la que Ronaldinho brilló como nunca y un Messi de 18 años comenzaba a ser la promesa más sólida del fútbol mundial.

Predestinado al éxito, Messi acabaría su curso bautismal con el gol al Albacete, el primero de su carrera profesional. Acaso fuera la mejor metáfora de la vida profesional de Messi aquella diana. La marcó en primera instancia pero se la anularon por fuera de juego. Minutos después, en una jugada y una definición calcadas, el tanto sí que subió al marcador. Su persistencia por triunfar, su decisión de sobreponerse a todo y seguir adelante tuvieron premio. Sobrepuesto a tener que ganarse la vida lejos de casa y la familia, a su déficit de crecimiento, sus problemas burocráticos y todo lo que le obstaculizara su carrera, el gol, el primero con el Barça, significaba la primera meta cumplida. "Es el mejor —dijo alguna vez Rijkaard— porque su éxito es fruto del esfuerzo."

Algún tiempo después de aquella primera temporada, Messi reflexionó acerca de Rijkaard. "Me ha llevado bien desde el principio, desde que me subió al primer equipo. Siempre supo lo que hacía conmigo. Es verdad que me enfadaba cuando no me ponía de titular, pero Rijkaard me apoyó siempre. Me llevó despacio. Hacía siempre lo correcto. Ahora veo, con la perspectiva del tiempo, que me llevó bien. Hay que ser agradecido. Nos dio libertad para jugar, para expresar nuestra imaginación. Me enseñó muchas cosas. A presionar, por ejemplo, cosa que no hacía en el filial."

No es casual que hable Messi de la presión. Discípulo de Arrigo Sacchi, Rijkaard, efectivamente, inculcó a sus jugadores la importancia de la presión sobre el rival para recuperar la pelota en campo contrario. Era muy habitual ver en el viejo campo de La Masía, donde se entrenó el primer equipo del Barça hasta la llegada de Pep Guardiola, los ejercicios que practicaban los azulgrana para aceitar los mecanismo de la presión. Uno de ellos consistía en que los delanteros y mediocampistas, distribuidos según el dibujo táctico, esperaban órdenes atados a una misma soga. Debían moverse como un cuerpo homogéneo, de tal manera que cuando el delantero Samuel Eto'o corría hacia delante para ejercer la presión el resto de delanteros e interiores le acompañaban.

Messi siguió su etapa de maduración al calor de un equipo que se coronó campeón de Liga tras cinco temporadas de ostracismo. El título conseguido en campo del Levante destensó al barcelonismo, le liberó y permitió mirar el futuro inmediato con ilusión y calma.

## Crónica
## FC Barcelona – Juventus
## 7/5/2008

### Capello quiso hablar con Rijkaard

*La temporada 2005-2006 comenzó con uno de los partidos fundacionales en la carrera profesional de Leo Messi. El duelo contra la Juventus, en el marco del Trofeo Joan Gamper, se convirtió en la explosión definitiva de Leo Messi. Con 18 años cumplidos un mes atrás, el argentino completó una actuación impactante y se retiró ovacionado por la afición cuando Rijkaard, con buen criterio, le sustituyó a falta de un minuto para el final, propiciando así el escenario para que desde la grada bajasen, por primera vez, los cánticos de "Messi, Messi". El holandés le había colocado como extremo derecho, aunque, esclavo de su propia libertad, Messi barrió todo el frente de ataque para lastimar a la experimentada defensa juventina con un repertorio sorprendente. Cambió el ritmo, regateó con soltura, asistió a Iniesta para que marcase el empate a uno. A pesar de la presencia de Ronaldinho, Leo se convirtió en el motor de juego ofensivo del Barça. El francés Zebina y Patrick Vieira, dos colosos del equipo turinés, vieron tarjeta amarilla por recurrir a faltas para detenerle.*

*En el banquillo, Fabio Capello miraba asombrado. Aplaudió a Messi cuando Rijkaard le cambió. El italiano siempre se ha mantenido en la acera de enfrente de la escuela holandesa que pregonaba en aquel momento Frank Rijkaard. "Parecen robots, no me gusta cómo tocan y se mueven mecánicamente." Sin embargo, el último producto de esa manera de entrenar le sedujo hasta tal punto que, acabado el partido, esperó a Rijkaard en el túnel para hablar seriamente con él. Le consultó la posibilidad de que le cediera a Messi un año. Con Ronaldinho en plena forma se daba por supuesto que Messi tendría algunos problemas para tener minutos regularmente. Rijkaard sonrió. No estaba en sus planes. Públicamente Capello confesó que jamás había presenciado una aparición futbolística tan espectacular. Curtido en mil batallas, el italiano tuvo la grandeza de reconocer que el fútbol le había vuelto a sorprender.*

*El Barça no hubiese barajado jamás la posibilidad de ceder a Messi a la Juventus, pues su política de cesiones tenía, por norma, la condición de que los destinos debían ser o bien clubes de la Liga española o extranjeros que practicasen un fútbol parecido al del Barça. La Juventus no cumplía ninguna de las condiciones. Sin embargo, en aquel tiempo existía la posibilidad cierta de cederle al Espanyol de Barcelona. Como telón de fondo estaba el mundial del verano siguiente, en Alemania. El seleccionador José Pekerman había marcado como innegociable que quien quisiera ser convocado debía tener minutos en su equipo. Según explica Josep Manel Casanovas, entonces coordinador de fútbol base del Espanyol, el Barça propuso estudiar la posibilidad de la cesión. Miguel Ángel Lotina, entrenador del primer equipo blanquiazul, se mostró encantado. Pero la exhibición de Messi ante la Juve canceló toda negociación. Aquella noche, de alguna manera, el mundo del fútbol se detuvo ante el alumbramiento de una nueva época. En sólo noventa minutos, la comunión entre Messi y la afición del Barça convirtió en una herejía aquello por lo que Barça y Espanyol estaban a punto de ponerse de acuerdo. El camino se corrigió en el acto y Messi pasó a ganarse la condición de intransferible.*

## *El camino al Bernabéu*

Luego del impacto generado por la actuación de Leo en el Gamper, noche en que fue designado el mejor jugador del torneo, el Barça emprendió una defensa a ultranza de su prometedor jugador a raíz de la amenaza de algunos clubes de impugnar los partidos en los que jugase Messi, pues entendían que no lo podía hacer en calidad de asimilado. Al margen del laberinto burocrático que se desató alrededor del tema, que luego el Barça solventaría con mucha celeridad, el caso en sí resulta muy ilustrativo de lo que un joven futbolista de apenas 18 años comenzaba a generar en los rivales. Equipos como el Alavés y el Deportivo amenazaron con impugnar los duelos contra el Barça. El club protegió a Messi hasta que en septiembre obtuvo la nacionalidad y, al margen de algunas últimas pataletas, todo acabó con Leo habilitado para jugar. Lo más curioso del caso fue que, en un momento determinado, Messi podía jugar la Liga de Campeones pero no así la Liga de Fútbol Profesional. Un contrasentido, dado que los clubes disputan la

Champions en base a una lista de convocados certificada por la Real Federación Española de Fútbol. En Europa sí, pero en España no, así era la síntesis del caso. La rapidez de la directiva para destrabar el caso y la buena mano del cuerpo técnico para acompañar y arropar al jugador resultaron clave para que no hubieran daños colaterales. "Intenté no darle demasiada importancia", evoca Leo. "Sabía que todo acabaría arreglándose. Mi familia y mis compañeros me apoyaban. Todo el mundo me ayudó."

De todas formas, no era ésta la mejor manera de comenzar la primera temporada como futbolista profesional del Barça. A pesar de su talento, el impedimento de jugar le dejaba en inferioridad en el duelo que Leo debía librar con el francés Ludovic Giuly, propietario de la titularidad en el extremo derecho. El debate fue creciendo a medida que Leo fue sumando minutos de juego y actuaciones estelares. La primera vuelta de esta temporada puede considerarse la carta de presentación a nivel estatal y continental de Messi a través de los duelos contra el Real Madrid y el Chelsea de Mourinho —aquel entrenador portugués que le vio debutar en el Estádio do Dragão en el banquillo rival.

El camino hasta la que sería su primera gran actuación en la Liga fue arduo, es cierto, y acaso por ello Rijkaard decidió arriesgarse. Forjado en mil batallas futbolísticas, el holandés siempre fue de los entrenadores que le dan toda la responsabilidad a los veteranos y evitan que la presión recaiga en los jóvenes. Su sensibilidad para dosificar a Messi da buena cuenta de esta virtud. Pero en la víspera del duelo contra el Real Madrid en el Santiago Bernabéu creyó que la mejor manera de sorprender a aquel equipo de Wanderley Luxemburgo era alineando a Messi. Por primera vez en su carrera, el joven de 18 años iba a ser titular en un partido lejos del Camp Nou.

El duelo inauguró la intensa relación de Messi con el campo del eterno rival. No es posible entender la dimensión de Leo como futbolista sin detenerse en su manera de actuar en los partidos en el Bernabéu. Si la dimensión futbolística de Messi resulta inconmensurable se debe en buena parte a contra quién y dónde desplegó su mejor fútbol. En el Bernabéu, Messi, incluso su versión debutante de 18 años, siempre jugó como en casa.

Ramiro Martín

## *La respuesta está en el fútbol*

La decisión de Rijkaard de colocarlo en el equipo titular contra el Madrid tenía una relación directa con el problema burocrático que había impedido a Leo disfrutar de más minutos. El holandés sabía que Leo había acumulado una gran energía por su obligado ostracismo. Responder con fútbol, con goles y con grandes actuaciones a los problemas procedentes de despachos o lesiones había sido siempre un rasgo distintivo de Messi. El día que le habilitaron en el Cadete de Tito Vilanova marcó tres goles en una goleada 1 a 14. Como si se hubiese contenido pensando únicamente en el momento en que el fútbol le diese la oportunidad de responder. A pesar del marco, de todo un Bernabéu en una tarde de clásico, aquel partido no fue una excepción. La temporada había comenzado de la mejor manera en cuanto a la decisión de promocionarlo ya definitivamente al primer equipo. Siguió igual de bien con la primera gira asiática. Pero a causa de la burocracia, hasta el día del clásico había jugado sólo dos partidos enteros: contra Osasuna en Liga y el Panathinaikos en Champions, la noche de su primer gol en Europa. Messi llegó al Bernabéu con un hambre voraz de minutos de juego.

Rijkaard decidió informarle a Leo que sería titular en el mismo Bernabéu, para evitar que la ansiedad le jugara en contra. "Imaginaba que sería suplente. Fue una sorpresa. Lo supe muy poco tiempo antes de empezar el partido", explica Leo. Aquel 19 de noviembre de 2005 se recuerda como "el día que la afición del Madrid aplaudió a Ronaldinho". La imagen dio la vuelta al mundo. Un puñado de madridistas se levantaron de sus asientos para aplaudir el tercer gol del brasileño, que aquella tarde marcó dos. Todos los focos se centraron en Ronaldinho. Durante y después del partido. La aportación de Messi fue impactante, pero aquel clásico resulta un ejemplo notable de lo que significa crecer a la sombra de grandes jugadores. La producción de Leo había sido espectacular, pero el brillo de Ronaldinho le otorgó su justa dimensión, la de un prometedor futbolista dueño del futuro pero sin las mayores responsabilidades en el presente.

Messi jugó como extremo derecho, incordiando a Roberto Carlos, Iván Helguera y Pablo García, quienes cubrían aquella banda. Fue todo atrevimiento, aunque le faltó marcar. Rijkaard le sustituyó en el minuto 69 por Andrés Iniesta. Estaba cansado, Messi, después de una presentación en sociedad al alcance de muy pocos.

El impacto mayor fue el de los técnicos. Las reuniones posteriores tuvieron muy en cuenta la actuación de Messi. Si el lejano duelo amistoso del debut contra el Porto les había convencido de que a la hora de debutar en Liga Messi estaría tranquilo, su actuación en el Bernabéu les persuadió de que su hora para los grandes partidos había llegado.

---

DIARIO DE VIAJE
BARCELONA. PALCOS DEL CAMP NOU
OCTUBRE DE 2005

## Leo juega con Messi

*Revisar la primera entrevista que le hice a Leo Messi es evocar no sólo los primeros pasos de la estrella, sino los últimos de una época terminada para el periodismo. Hoy sería difícil si no imposible entrevistar a un futbolista del Barça de 18 años en los sillones de la zona noble del Camp Nou. Los tiempos han cambiado y, con ellos, la manera en que los clubes se relacionan con la prensa.*

*La hice para el diario catalán* El 9 Esportiu. *Le esperé, como digo, en los sillones de una sala contigua a la zona de acceso a los palcos del Camp Nou. Llevaba dos meses como jugador del primer equipo a todos los efectos y ya había disputado más partidos que en toda la temporada anterior. Aún no había jugado el gran clásico contra el Madrid. Por delante le esperaba la temporada más intensa de su carrera pero nadie lo sabía entonces. Encarnaba el futuro más prometedor y el producto más perfecto de La Masía global. Llegó a mi encuentro acabado de duchar. El pelo corto, las manos grandes y el gesto reposado. No había en él ni rastro de la electricidad de su juego. Se echó en el sillón y esperó las preguntas como quien cumple un trámite. Ya había algo de desdén hacia las entrevistas. Con 18 años había sido portada de todos los diarios. Le generó curiosidad que un compatriota le entrevistase para un diario catalán. Cuando se refirió a la Argentina diciendo "acá" supe que se había relajado. Entonces hablamos de su vida y el fútbol. "De alguna manera la vida me obligó a madurar más rápidamente de lo que se entiende como normal. El hecho de dejar mi país me obligó a crecer. Pero ahora todo eso ha pasado y solamente quedan las cosas buenas. Lo que me está pasando es muy bonito, pero tengo claro que no debo abandonar mi manera de ser. Para eso es importante el apoyo de mi familia." La figura de Rijkaard, tan importante entonces, se abrió paso en la conversación. "Sus consejos son siempre que juegue tranquilo y que lo haga con libertad. Me ayuda mucho que me lo diga. Pero si tengo que hablar de la presión no podría, porque no la conozco. Cuando estoy en el campo juego, pienso en divertirme y ni siquiera me doy cuenta de cuánta gente hay en las gradas mirándome. Igualmente, este año me siento incluso más cómodo que el anterior. Conozco más a mis compañeros, cosa que ha hecho sentirme más integrado en el grupo, que para mí es fundamental. En los* rondos *me voy con los brasileños, pues me llevo muy bien con Ronaldinho y Deco, pero en general tengo buena relación con todos. También con Giuly. Compartimos demarcación. A veces juega él, otras yo. Es un gran futbolista y no hay ningún problema con él, al contrario."*

*Nos detenemos en un comentario que me hace al pasar. "El otro día jugué por primera vez conmigo en la consola." Jugar con uno mismo no significaba, advertí, hacerlo contra la máquina, sin compañía humana, sino controlar desde los mandos un Messi joven y virtual. "El juego lo compró mi hermano porque le dijeron que yo ya estaba en la plantilla del Barça en esa versión. Fue hace un tiempo. Lo trajo a casa y jugamos por primera vez con Messi. Reímos mucho con mi hermano. Intentábamos hacer todas las asistencias a 'ese Messi', para que marcara goles."*

## *El barro se subleva*

Si el papel en el Bernabéu le dio alas en el concierto local, la actuación en Stamford Bridge tuvo un impacto planetario. Entre la goleada en casa del Real Madrid y el duelo con el Chelsea de Mourinho habita el despegue definitivo de Messi como actor principal del Barça de Rijkaard. El holandés volverá a alternarlo en su demarcación con Giuly, pero serán momentos puntuales. Hasta la histórica noche de Champions en Londres, Messi juega once partidos, ocho de ellos como extremo derecho titular, compartiendo tridente ofensivo con Ronaldinho, en la izquierda, y Samuel Eto'o como delantero centro. Leo marca cinco goles.

Colaborando con el perfil de malvado que el barcelonismo fue haciendo de él desde sus tiempos en Londres hasta su aterrizaje en Madrid, Mourinho preparó una emboscada en Stamford Bridge. A fuerza de regarlo, el campo de juego lucía impracticable a la hora de comienzo del partido. Fue un atentado al espectáculo y una trampa destinada a coartar la mejor arma ofensiva del Barça: el juego asociativo, que necesita de un campo rápido para que la pelota circule con fluidez. Nada detuvo, sin embargo, a Leo Messi. Con 18 años dominó el partido a placer, dejó al rival con un jugador menos por la expulsión de Asier del Horno y probó cinco disparos a puerta, uno de los cuales se estrelló en el larguero. Mourinho le acusó de "hacer teatro del bueno" en la falta que propició la tarjeta roja del vasco. La realidad fue que el portugués se encargó de controlar a Ronaldinho y Eto'o sin reparar en el juego de Messi. El 1 a 2 final, obra del camerunés tras un centro de Rafa Márquez, acabó con la imbatibilidad de Mourinho en casa del Chelsea y dejó al Barça a las puertas de los cuartos de final. Messi ya había hablado en el campo, desplegando su mejor fútbol, de manera que se limitó a recomendarle a Mourinho que mirase "la imagen" de Del Horno haciéndole falta. El argentino se volvió una celebridad definitivamente. Como en el tango, su fútbol se sublevó como el barro. Desde el fango que el portugués había pergeñado, Messi se elevó por sobre todos.

Las conclusiones de Stamford Bridge fueron más allá de la irrupción espectacular de Messi. Activo desde el primer minuto de partido, Leo le aportó más intensidad a la producción ofensiva genial pero siempre discontinua de Ronaldinho y el propio Eto'o. Messi no sólo dejó atrás el debate con el francés Giuly, erigiéndose en propietario del extremo derecho, sino que dotó a la delantera azulgrana de la capacidad para jugar a un ritmo más alto. La mejor conclusión del partido fue que, luego de un comienzo fulgurante al compás de Messi, bien entrada la segunda parte fueron Ronaldinho y Eto'o, más metidos ya en el trámite del partido, los que completaron la tarea de regresar a Barcelona con una victoria clave en la Champions.

## *El drama muscular*

El 5 de febrero en el Camp Nou, durante el descanso del duelo que el Barça estaba perdiendo por la mínima contra el Atlético de Madrid, Leo no volvió al campo para jugar la segunda parte. La causa fue una elongación en el bíceps femoral de la pierna derecha. El tiempo de recuperación se cifró en dos semanas. Se trata del disparo de salida de un problema que no solamente se volvería crónico, sino que pondría en entredicho el futuro de Messi como gran estrella del fútbol. La derrota final contra los colchoneros, 1 a 3, sembró algunas dudas en el equipo, que debía afrontar dos partidos de alto voltaje: visitar al Valencia y al Chelsea. Rijkaard decidió reservar a Leo para Londres. Y su actuación dejó claro que no se equivocó.

La aparición del primer problema muscular multiplicó el trabajo de Rijkaard. Messi volvió a ser el centro de sus reuniones con los colaboradores. Pero ya no se trataba de cómo dosificar los minutos de un joven de 18 años, sino de administrar los esfuerzos de una delantero explosivo con una tendencia creciente a las lesiones musculares.

Luego de la exhibición en Stamford Bridge, Rijkaard decidió que Leo jugase 70 minutos del duelo de Liga que el Barça ganó en La Romareda al Zaragoza. El holandés pensó en el partido de vuelta contra el Chelsea en el Camp Nou. No sería fácil y necesitaría de Leo. Pero su participación se limitó a 24 minutos. Luego de iniciar un gran partido, con un par de combinaciones con Ronaldinho que hicieron temblar a la defensa inglesa, Messi se rompió. El bíceps femoral de la pierna derecha se produjo una rotura de cinco centímetros. Era el 7 de marzo de 2006. El diagnóstico estableció dos meses y medio de recuperación. A pesar de sus esfuerzos la temporada con el Barça había terminado. Y el Mundial de Alemania 2006 no sería, se sabe, el mejor consuelo.

## *Crecer a solas en París*

Leo Messi tiene todo el derecho a sentirse parte de la segunda Champions en la historia del Barça. Por sí sola, su actuación en Stamford Bridge resulta suficiente para que el argentino sienta aquella alegría de París como suya. Pero tuvieron que pasar años para que el futbolista lo entendiera.

En ausencia de Leo, el Barça continuó con su buen papel en la competición. Ludovic Giuly, con minutos gracias a la lesión de su compañero, definió en San Siro un duelo vital de cuartos de final contra el Milan. Luego, el Benfica resultó más incómodo que lo previsto pero se superó y el Arsenal, se sabe, fue la final soñada, con el drama de la remontada incluido.

Los acontecimientos posteriores señalan París como el punto más alto de la era Rijkaard. Allí se llegó luego de tres años de franca evolución. La Champions se había atragantado precisamente una temporada atrás con el Chelsea, pero en París se saldó la deuda con la afición y, de alguna manera, el éxito bendijo la dirección que el club había decidido tomar colocando a Rijkaard como conductor del proyecto.

Bajo la máxima presión que significa la final de la Champions, Rijkaard mostró también su inclinación por asegurarse en defensa con los músculos de Van Bommel en lugar de defenderse con la posesión que le podía asegurar Andrés Iniesta. A pesar de lo cual, el técnico supo corregirse y dar entrada al manchego y, también, a Larsson, vital en los dos goles de la remontada histórica del Barça.

Con el final del partido se inició la euforia. Un equipo con Ronaldinho como bandera y Eto'o como artillero se coronó en Europa. Pero, ¿dónde estaba Messi? Nadie lo vio celebrar aquel día. Al menos no se le vio en público. Años después, desde su madurez, Leo reconoció que su ausencia en los festejos fue un error: "Hoy me doy cuenta de que aquella final debería haberla disfrutado mucho más de lo que lo hice, por el momento que fue. Hay muchos jugadores que no tienen la oportunidad de poder ganar la Champions. Era algo especial. Me he hecho mayor y he aprendido. Entonces me equivoqué, pensaba distinto. Ahora sé que todos, los que jugamos, los que no jugamos, los que nos ayudan para que estemos bien, desde el delegado hasta todos los empleados del club, todos somos partícipes de lo mismo, todos somos igual de culpables."

Su primer año como futbolista profesional no acababa de la mejor manera, aunque, colectivamente, había sido formidable y su concurso, vital en muchos sentidos.

---

Diario de viaje
Nueva York. Estadio de los Giants
Agosto de 2006

## Crónica del cambio

*La gira del Barça por México y Estados Unidos del verano de 2006 marca el inicio del cambio de poderes en el Barça. Luego de París, la figura seductora de Ronaldinho comienza a resquebrajarse por culpa de su pobre actuación en el Mundial. En cambio la de Messi, pese a que su Mundial no mejora el del brasileño, con el Barça sí que irá ganando peso específico dentro de un equipo que, a contracorriente de la evolución de su figura, va perdiendo altura hasta estrellarse por culpa de lo que el presidente Laporta dará en llamar "autocomplacencia".*

*Llegamos con el Barça a Monterrey para jugar el primer amistoso de la temporada. Se trató de una escala no prevista en principio, pero que al club le sirvió para recaudar y completar un montante notable gracias a su condición de mejor equipo de Europa. Ronaldinho se sumó a la expedición en Los Ángeles, primera escala estadounidense de la gira. Allí en California, precisamente, la visita adquirió el nivel de* glamour *que acompañaría ya para siempre a la figura de Ronaldinho. Los periodistas visitamos junto a los jugadores del Barça el Kodak Theatre (hoy Dolby Theatre), subimos detrás de ellos la alfombra roja que se extendió por deferencia a los atletas pero que sólo se utiliza en la entrega de los Oscars. En lo alto del Teatro, Ronaldinho saludó a Kobe Bryant ante una multitud con mayoría de latinos que esperaba un saludo. Luego, un partido amistoso y rumbo a Texas.*

*El paso por Houston fue fugaz pero marcaría para siempre a Leo. Se dice, de hecho, que la idea de llevar adelante una fundación para ayudar a niños enfermos nació de la visita que hizo la plantilla del Barça al hospital de niños de la ciudad, donde visitó a pequeños que luchaban contra el cáncer. "Ya lo había hecho en Barcelona, pero aquí me chocó aún más, no sé por qué. Supongo que porque se trata de enfermedades muy duras, que lo son todavía más cuando los enfermos son pequeños. Cuando ves algo así te das cuenta de que eres un privilegiado." Lo más valioso de la anécdota es que, fiel a aquel sentimiento que le embargó en Texas, Leo al volver se movilizó para crear la Fundación que lleva su nombre.*

*La gira acabó en Nueva York. Hablamos luego del único entrenamiento que hizo el equipo en el Giants Stadium, escenario del duelo del día siguiente contra los New York Red Bulls. Nos sentamos a un lado del campo del mismo escenario donde Pelé había jugado su último partido como futbolista profesional. A sus 19 años y ya con una decepción mundialista en la espalda, Leo trabajaba para evitar las lesiones que le dejaron sin un buen final de temporada.*

*Habló tranquilo como siempre, pero con otro tono. Estaba más seguro de lo que necesitaba para despegar, como si hubiese avanzado en el conocimiento de su propio cuerpo. "Necesito más minutos para controlar el juego como yo quiero", me dijo. El partido en Houston contra el América, que acabó con un espectacular empate a cuatro, le impidió progresar en su puesta a punto. Se notaba molesto. "Justo cuando entré al campo el equipo estaba abocado a empatar y eso no me dejó controlar la pelota e ir buscando espacios con tranquilidad." Era la primera media hora que jugaba con el Barça después de la lesión contra el Chelsea. "Me preparo sin pensar a largo plazo, sólo para estar dispuesto cuando el entrenador me necesite y devolverle la confianza cuando salga a jugar. Lo que debemos hacer es lo de siempre: poner la pelota en el suelo, dar espectáculo y ganar. Como debe ser. Veo al equipo con ganas de volver a ganar. Personalmente creo que cuando ganas lo único que quieres es volver a ganar." La lógica de este Messi enérgico y con ganas de títulos no tenía discusión. Pero su deseo de que la ambición colectiva llevara a evitar la relajación tardaría un par de años en concretarse. Y no sería con Rijkaard en el banquillo.*

Ramiro Martín

## *De repente, la soledad*

El 3 a 0 en el Camp Nou ante el Espanyol, en un derbi correspondiente a la vuelta de la Supercopa de España, significaría el único título del club en el curso 2006-2007. Contra todo lo que se esperaba del campeón de la Champions, la goleada encajada en Mónaco 3 a 0 contra el Sevilla resultó demoledora. La Supercopa Europea se le escapó de las manos a un equipo que, el día anterior, había sido premiado en diversas demarcaciones y había recibido los honores de monarca europeo por parte de la UEFA. El Sevilla no tuvo piedad y la derrota marcó, de alguna manera, la tendencia de la temporada.

Rijkaard no hizo variantes respecto a Leo, que continuó como extremo derecho de una delantera reforzada en parte por Eidur Gudjohnsen, un mediapunta reconvertido en delantero centro.

El Sevilla no fue el único toque de atención a la evidente relajación del equipo. A pesar de las buenas victorias contra conjuntos asequibles, el Barça no dio la talla en partidos de máxima exigencia. Empató con el Valencia y cayó en el primer par de partidos realmente importantes del calendario: 1 a 0 con el Chelsea por la primera fase de la Champions y un 2 a 0 rotundo en casa del Real Madrid. Ambas derrotas dejaron en el barcelonismo un certeza: Messi es cada vez más grande y está cada vez más solo.

Contra el Chelsea Leo fue el único capaz de generar algo de fútbol, asumiendo la responsabilidad ante la mirada de compañeros como Ronaldinho, en franca baja forma. Pero si en Londres fue evidente que el argentino se había convertido en un monologuista, en el Bernabéu la sensación se multiplicó de forma notable. Messi generó juego, causó temor en la zaga blanca, asistió inútilmente a Gudjohnsen y tuvo dos ocasiones clarísimas de gol abortadas por Casillas.

Ambas derrotas inauguran una situación que permanecerá a lo largo de la temporada: Messi es el único que se salva de la crítica general. Su vergüenza deportiva y calidad contrastan con dos temas inquietantes: compañeros como Deco y Ronaldinho están visiblemente por debajo de su nivel y Rijkaard se muestra desorientado. Algunos cambios tácticos no surten efecto y el equipo se encomienda a Messi de forma sistemática.

Algo se estaba torciendo, pero el talento de Leo, en clara línea ascendente, no sólo permanece inmune, sino que no detiene su progresión.

El 12 de noviembre de 2006 en el Camp Nou, sin embargo, ocurrió el infortunio. En una jugada sin demasiada historia, Messi se rompió el quinto metatarsiano del pie izquierdo. Dejó el campo antes de cumplirse la primera media hora de un partido ganado fácilmente por el Barça. La noticia se confirmó horas después: tres meses de baja.

---

DIARIO DE VIAJE
BARCELONA. VESTUARIO LOCAL DEL CAMP NOU
DICIEMBRE DE 2006

## Brindis al futuro

*Nos encontramos en el vestuario local del Camp Nou, el templo privado del primer equipo del Barça. Hicimos un reportaje fotográfico. De fondo, su camiseta colgada de una percha dentro de su casillero, esperando por su recuperación. En primer plano, Leo brindando "por un año sin lesiones", copa de cava en la mano y la férula de plástico protegiendo su pie izquierdo. "Si hago cuentas, estuve casi la mitad de 2006 lesionado", arrancó, sincero. "Las lesiones me condicionaron. Llegué al Mundial, pero sin buena forma física, la final de la Champions no la pude jugar... Por eso al 2007 quiero pedirle, primero, salud para mi familia, y después tener continuidad en mi trabajo." Cerca de los veinte años, la imagen que ofrece es ya la de un líder del vestuario del Barça. "Da rabia no poder ayudar al equipo. Estás en el vestuario con ellos, compartes el tiempo antes del partido, pero sabes que ellos saldrán a jugar y tú no." Messi sabe cómo atravesar una situación así. Le pasó lo mismo en el Cadete, cuando aún no estaba habilitado para jugar. Las enseñanzas que en aquel tiempo supieron darle Albert Benaiges y Tito Vilanova las aplica también en estos días de ansiedad. En lugar de desesperarse y precipitarse, trabaja con calma. "Sé muy bien que lo más importante ahora es no tener prisa, tomarme las cosas con tranquilidad y evitar la ansiedad y las ganas de volver antes de tiempo*", rezó como un niño aplicado.

Cuando acabemos de hablar tomará rumbo a su casa y luego al aeropuerto. Aprovechará para pasar las fiestas en su Rosario natal y acabar allí la recuperación. El club ha decidido enviar al fisioterapeuta Juanjo Brau, una figura que le acompañará siempre a partir de ahora, una especie de ángel de la guarda de los estiramientos y las puestas a punto. Su figura irá creciendo con el tiempo.

Pese a que es evidente que el equipo no está como el año pasado, Leo invita a no sacar conclusiones apresuradas. "Estamos como siempre. Podemos volver a ganar." La derrota reciente contra el Atlético de Madrid enciende otra vez las alarmas. "Se dicen cosas, pero estamos al mismo ritmo con el que conseguimos dos Ligas y una Champions. Somos fuertes. Ya lo hemos demostrado."

Leo abandona el vestuario con la férula y ayudado de muletas pone rumbo a Rosario.

## *Momento Maradona*

Como aquellos niños que luego de unos días enfermos vuelven al colegio sintiendo que todo ha cambiado en su ausencia, Messi se incorporó a un equipo que continuaba ganando los partidos asequibles pero perdía los que oponían alguna resistencia. La lesión le impidió a Leo ayudar al equipo en el Mundial de Clubes. Después de golear 4 a 0 al América mexicano, el Barça cayó por la mínima con el Internacional de Porto Alegre. Las derrotas en el derbi en Montjuïc y en el duelo de ida de cuartos de final de Copa contra el Zaragoza son las únicas del equipo en los casi tres meses sin Leo.

El regreso de Messi no evitó la caída. El Barça volvió de Liverpool eliminado de la Champions en octavos de final. Antes, en Sevilla, había perdido el liderato en manos del conjunto andaluz. La visita del Real Madrid de Capello, que está al acecho en la clasificación, inicia un proceso que demostrará que ni la mejor expresión individual es capaz de alcanzar el éxito si el equipo no la acompaña.

Messi marcó sus primeros goles al Real Madrid. En concreto, tres. Se trató de una exhibición notable de rebeldía contra la caída libre en la que parecía inmerso el Barça. Tres goles encumbran a la joven estrella y evitan la debacle contra los blancos, que jugaron toda la segunda parte contra diez hombres por la expulsión de Oleguer. Leo marca el tercero en el minuto 90. Una carrera en diagonal y el disparo cruzado. El Barça sólo empata contra los blancos. La línea ascendente de Messi y la descendente del equipo se advierten claramente en el resultado final del clásico. Hacía trece años que un jugador no marcaba tres goles contra el Madrid. El último, Romário. Entonces el Barça goleó 5 a 0. El triplete de Leo, sin embargo, sirvió apenas para no perder. "Messi nos salvó de la derrota", reconoció Rijkaard. La sinceridad del entrenador inauguró un nuevo tiempo. No sería la última vez que Leo los salvara. Pero ni siquiera Messi era suficiente para revalidar viejos laureles.

El holandés buscaba por aquellos días despertar al equipo desde la pizarra. Contra el Madrid y también antes, contra el Zaragoza, había presentado una alineación con sólo tres defensas. Messi conocía el dibujo táctico. Era el 3-4-3 que utilizaban los técnicos del fútbol base. Pero el holandés no ubicó a Leo por detrás de los tres delanteros. El argentino continuó como extremo derecho. El equipo, sin embargo, no mejoró.

El *Momento Maradona* de Leo Messi se produjo el 18 de abril de 2007, en el Camp Nou, contra el Getafe, y en el marco del duelo de ida de las semifinales de la Copa del Rey. "Vi el espacio y fui", resume Leo. El argentino calcó el gol de Diego Maradona a Inglaterra en el Mundial de México '86. El tanto dio la vuelta al mundo. Lo singular del hecho fue que, desde la escuela del Barça, el gol, además de ser elogiado por tratarse de una obra cumbre de la técnica individual, fue también señalado como la consecuencia de una serie de desajustes del equipo. Explican que la temporada siguiente, cuando volvió al club para entrenar al filial azulgrana, Pep Guardiola se refería a aquel gol de Leo para decirles a sus jugadores lo que no quería que pasara. La larga carrera del argentino, desde la mitad del campo hasta la portería, resumía todo su talento pero, en el análisis de Guardiola, denunciaba las falencias de un equipo que ya por entonces había emprendido una deriva táctica de difícil solución.

Desde la Argentina, la opinión de un amigo de Pep, César Luis Menotti, no fue muy diferente. "El fútbol sigue siendo capaz de combinar las miserias de los grandes negociados con las expresiones más sublimes del arte de la pelota. Messi resolvió desde el triángulo virtuoso genética-técnica-habilidad al servicio de una aventura que terminó donde merecía: en el fondo del arco." Pero entonces para Menotti aún no le alcanzaba a Leo para compararse con Diego. "El punto de partida es entender que el fútbol es un equipo que juega, tiene elaboración, defensa, ataque, recuperación… millones de acciones que hablan de una estrategia. Y pensar que cada aventura tuya le cuesta al equipo esfuerzo y tiempo. Diego, cuando organizó la alegría que tenía de pequeño, se transformó en lo que fue. Es la mejor comparación. Messi tiene que organizar su alegría."

El *Momento Maradona* fue, en todo caso, no sólo aquel gol, sino toda la etapa en la cual el equipo se apoyó en su joven figura. Para fortuna de Messi, cuando llegó el momento de dar el paso adelante y ayudar a sus compañeros con aventuras individuales, su proceso de formación ya se había cumplido de la mejor manera. Gracias al mismo entrenador que ahora le señalaba como "salvador", Leo había entrado de a poco al primer equipo y había sido arropado por las estrellas que en el final del curso 2006-2007 parecían comenzar a apagarse. Cuando la coyuntura le obligó a asumir responsabilidades, Messi ya estaba preparado.

Para acabar su *año maradoniano*, Leo marcó un gol con la mano en el derbi con el Espanyol. El partido, sin embargo, resulta de muy ingrato recuerdo pues el empate final, obra de Raúl Tamudo, permitió al Real Madrid ponerse por delante del Barça en la clasificación a falta de una jornada.

## La prudencia generacional de Frank

Durante el verano de 2007, luego del regusto magnífico que dejaron sus goles *maradonianos*, la figura de Messi comenzó a ser objeto de la gran comparación con *el Pelusa*. Ya no se trataba de la similitud en el juego, en la habilidad, en la nacionalidad, sino que también había fundamentos recientes e indiscutibles para formularse, ya de manera seria, la pregunta acerca de si Leo era o podía ser tan bueno como Diego. En este sentido, la postura de Frank Rijkaard siempre fue la de una distancia muy prudente de las comparaciones. Su actitud tiene un porqué.

Rijkaard, se sabe, fue uno de los tantos pulmones y uno de los tantos cerebros que poseía el histórico Milan dirigido por Arrigo Sacchi. Se trata acaso de uno de los tres grandes equipos de la historia del fútbol. Dominó con autoridad el final de la década de los 80 y entró con al misma energía a los noventa. Junto a Ruud Gullit y Marco van Basten, el entrenador que hizo debutar a Messi formó el tridente más exitoso de la historia reciente del Milan. Los duelos de aquel mítico equipo de Sacchi con el Napoli de Maradona agitaron el *Calcio* de la época. Sacchi es aún un fanático devoto del juego de Diego. Fue Sacchi uno de los primeros que encumbró con su opinión a Maradona por sobre el resto de dioses del Olimpo del fútbol. Y Rijkaard creció en el *Calcio* con aquella mezcla de admiración y temor hacia lo que pudiese hacer Diego. "Hoy —solía decir Sacchi en la charla previa a los duelos contra Maradona— si queremos ganar debemos hacer dos goles, porque Diego seguro que al menos uno nos marcará." Sacchi, amigo de los micrófonos, no dudó en comparar. "Messi no es el mejor jugador que he visto en mi vida. Maradona tenía más talento. Aunque es cierto que soy un admirador tanto de Messi como del Barcelona."

Mucho más hábil declarante que el holandés, acaso Pep Guardiola haya dado en el clavo cuando, años antes de rendirse a los pies de Messi considerándolo el mejor, resumió la comparación con una frase indiscutible: "Habrá muchísimos genios en el fútbol, pero al menos para mi generación, Maradona siempre será Maradona."

Ramiro Martín

## *El final anunciado*

Se vendió como el equipo de *los Cuatro Fantásticos*. Thierry Henry estaba llamado a ser el *crack* que acompañara la transición entre Ronaldinho y Leo Messi. De alguna manera, lo acabó haciendo. Aunque su papel cobró más importancia el curso siguiente, con la llega de Guardiola y la definitiva consolidación de Leo como centro del proyecto. Su rol dentro del último Barça de Rijkaard no fue suficientemente importante como para corregir o evitar la desintegración del equipo. En todo caso, la temporada se inició en medio de la abundancia de delanteros. Eran cuatro. No ganaron nada.

Acaso sea sólo ésta la temporada que destiñe el paso de Rijkaard por el Barça. A pesar de la evidente evolución de Leo, el holandés insistió en mantenerle en el extremo derecho. La llegada de Henry, otro candidato a jugar en el centro del ataque, tampoco ayudó. Todas las decisiones tácticas que tomó Rijkaard en su último año en el Barça hubiesen propiciado el estancamiento de cualquier futbolista, pero no el de Messi. Leo se las ingenió para no detener su evolución. Como si hubiese querido demostrarle a Rijkaard que su fútbol ya estaba del todo preparado para abandonar la banda derecha, acabó el año por primera vez como máximo asistente del equipo, por delante de un experto como Ronaldinho.

A pesar de las caras nuevas en el equipo, la temporada fue una reproducción exacta de la anterior, con la lógica degradación de aquello que no se arregló un año atrás. El equipo continuó dependiendo de la capacidad ofensiva de Messi, quien por otra parte tampoco resolvió sus problemas con las lesiones musculares. Sufrió dos. Una de ellas le privó de jugar contra el Real Madrid en el Camp Nou, partido que el conjunto entrenado por Bernd Schuster ganó por la mínima con gol de Baptista. La otra lesión fue un golpe al corazón del barcelonismo. Fue la noche de la visita del Celtic, por la vuelta de octavos de final. En Glasgow, el Barça había conseguido una gran victoria por 2 a 3. Leo marcó entonces uno de los más bellos goles que ha marcado en Champions. Entró en el área y, ante la salida del defensa, pisó la pelota como si estuviese jugando fútbol sala, la acomodó para su pierna hábil y definió. En Barcelona, antes del minuto 40 del partido, Leo sintió el temido pinchazo y se dejó caer en la hierba. Se llevó las manos a la cara y comenzó a llorar. Deco y Ronaldinho acudieron a consolarlo. No hubo caso. Salió llorando del estadio. "Sus lágrimas nos deben hacer reflexionar a todos", dijo el capitán Carles Puyol. No eran palabras vacías. Dentro de un vestuario resquebrajado por la falta de compromiso, señalado por la opinión pública por tener integrantes que se habían abandonado a la relajación total, el joven de 20 años lloraba a mares porque su propio cuerpo le impedía ayudar al equipo.

Leo volvió de a poco, con mucha cautela, hasta que llegó el duelo contra el Manchester United. Lo mejor del equipo durante el curso fue, justamente, su actuación en la Champions. A falta de regularidad, en Europa encontró la adrenalina necesaria como para sobrevivir a las eliminatorias y plantarse en la vuelta de semifinales en Old Trafford habiendo empatado a cero el partido de ida en el Camp Nou. Pero, se sabe, no pudo ser.

El partido fue otra vez una pequeña muestra de lo que era entonces el equipo. Messi lo intentó todo y, con la eliminación consumada, fue el único que el barcelonismo salvó de la crítica generalizada.

El partido sirvió para que Messi se consolase tristemente. La visita a Mánchester había sido enmarcada como su primer gran duelo con el portugués Cristiano Ronaldo. Y si bien fue el conjunto inglés el que pasó a la final, tanto en el partido de ida como en el de vuelta, la actuación de Leo estuvo muy por encima de la del extremo, quien falló un penal en el Camp Nou y no disparó ni una vez a la puerta de Valdés en la vuelta. Pero fue un consuelo mínimo para un atleta como Messi. Acabado el triste partido en el Teatro de los Sueños, el argentino, brazos en jarra, miró la hierba buscando entender lo que había pasado. Quien lo fue a buscar al centro del campo fue Rijkaard. Le abrazó y se lo llevó hacia el vestuario.

La actitud paternal del holandés fue uno de sus rasgos como entrenador. "Al final —se quejó amargamente años después el brasileño Edmílson— el entrenador era demasiado bueno para aquel vestuario."

Después de Mánchester, el aroma a final, anunciado final, presidió el club hasta que todo acabó.

Ramiro Martín

## Crónica
## Real Madrid, 4 – FC Barcelona, 1
7/5/2008

## Desposeídos

*Fue demasiado triste para el barcelonismo. Frank Rijkaard se acopló a sus jugadores para ofrecer el tradicional homenaje del pasillo al campeón de Liga, el Real Madrid, en el Santiago Bernabéu. El conjunto de Bernd Schuster estrenó título contra un rival inmerso en el imparable proceso de desintegración que había comenzado el curso anterior. Fue deportivo y caballeroso el holandés, con el rival y con sus hombres. Les acompañó cuando podía no haberlo hecho. "Un entrenador demasiado bueno para el vestuario de aquella temporada", sentenciaría años después el brasileño Edmílson para describir a Rijkaard. Como había sucedido en los últimos tiempos, la plantilla no estuvo a la altura de su líder. El Madrid vapuleó aquella noche al Barça. Le goleó 4 a 1 para más gloria de una afición entregada. La bochornosa jornada de los azulgranas tuvo en Leo Messi el único motivo de esperanza. El argentino lo intentó siempre y asistió a Thierry Henry en el gol del Barça, a falta de tres minutos para acabar un partido que ya iba por entonces 0 a 4.*

*En medio de aquella tormenta de goles del Madrid, Rijkaard retocó el dibujo táctico para que Messi pudiera generar más juego como mediapunta, la zona en la que siempre se había encontrado más cómodo. El holandés sustituyó a un desdibujado Gudjohnsen por el joven Giovanni, para que Leo jugase como "10" por detrás de tres delanteros. Todos los intentos que generó Messi obtuvieron únicamente el gol de Henry. Ni siquiera el argentino pudo remontar la moral de un equipo entregado.*

*El dato más significativo de aquella noche fue que, después de muchos partidos, el Barça perdió ante su rival en la pugna porcentual de la posesión de pelota. El equipo diseñado para tener el balón cayó por un nimio pero significativo 50,53% a 49,47%. El dato se convertiría en mítico años después, cuando, tras cuatro temporadas al frente del equipo, Pep Guardiola dejara el club sin que su equipo hubiera perdido jamás la posesión de pelota en ningún partido.*

*El clásico marcó el final de la era Rijkaard. El Barça acabó en el tercer escalón de la clasificación, por lo que se hipotecó el verano, ya que debía jugar la previa de la Liga de Campeones. A pesar de haber sufrido dos lesiones que le habían mantenido fuera de los campos durante tres meses, el club tenía claro que era Messi el líder del próximo proyecto. El trabajo consistía ahora en saber combatir sus lesiones musculares, arroparlo con un contrato capaz de establecer claramente las nuevas jerarquías del vestuario y dibujar el paisaje más propicio para que su fútbol acabase de explotar ahora que, días después de acabada la temporada, cumpliría 21 años.*

# *Guardiola*

"Pep fue grande por cómo me hizo crecer como jugador y cómo nos hizo mejores a todos."

Leo Messi

El 8 de mayo de 2008, el presidente del Barça, Joan Laporta, comunicó oficialmente que Josep Guardiola sustituiría en el cargo de entrenador a Frank Rijkaard a partir del curso 2008-2009. La noticia impactó al entorno por varias razones. La esencial es que nada relacionado con la figura de Guardiola ha causado jamás indiferencia en el Barça. Detractores e incondicionales del otrora emblema del *Dream Team* vieron cómo volvía al primer equipo, esta vez como entrenador. El ascenso a Segunda División B conseguido con el Barça Atlètic no amortiguó las críticas de quienes veían en el joven técnico un simple golpe de efecto de Laporta para desviar la atención de un equipo que el día anterior había sido humillado deportivamente por el Real Madrid en el Santiago Bernabéu.

Joan Laporta tenía decidido renovar a Rijkaard si el Barça accedía a la final de la Liga de Campeones de Moscú, partido final del curso 2007-2008. Pero el solitario gol de Paul Scholes en Old Trafford decantó la semifinal para los ingleses y selló la primera temporada sin títulos en cuatro años. Así, el presidente del Barça se despidió de su idea de mantener bajo su mandato un único entrenador. Después de cinco temporadas, la imagen del holandés estaba erosionada y parecía incapaz de reconducir un vestuario relajado y disperso. Aconsejado por Txiki Begiristain, el presidente decidió dar el golpe de timón inesperado, propio de su naturaleza, siempre más cercana a la intuición que fruto de una planificación. Guardiola llegó al banquillo del primer equipo como un entrenador inexperto pero, a su vez, como el futbolista más ganador de la historia de la club. Esto último debía servir para apagar las dudas que generaba el primer aspecto.

Su año en el Barça Atlètic resultó revelador. Su equipo cabalgó por la áspera Tercera División del fútbol español desbordante de actitud y lleno de ideas tácticas. Su amigo y ayudante Tito Vilanova le acompañó en la aventura desempeñándose, entre muchas tareas, como ideólogo de las jugadas de estrategia. En el campo municipal de Barbastro, el Barça Atlètic superó 0 a 2 al equipo local y la semana siguiente, en el Miniestadi, venció en el duelo de vuelta por 1 a 0, con gol de Víctor Vázquez. Así, Guardiola cumplió su primer objetivo como entrenador: ascender su equipo a Segunda División B.

El segundo reto estaba por sorprenderlo. Y era enorme.

Laporta sabía que la llegada de Guardiola le aseguraba la presencia en el banquillo de un vasto conocedor del club. No era poca cosa. El Barça es un laberinto inextricable que Pep ha transitado como nadie. Laporta, además, es un animal político y sabía perfectamente que Guardiola es tan grande en el Barça que incluso un presidente podría buscar refugio bajo su sombra.

Guardiola se planteó una tarea rápida de reconstrucción. Es difícil entender el Barça de Pep sin remitirnos a la era Rijkaard. Para utilizar un concepto científico, Guardiola, gracias a Rijkaard, saltó desde los hombros de un gigante para llegar a la cima. Mucho trabajo oscuro del holandés le permitió acelerar el proceso. Uno de los aspectos que más seducía a Pep era que trabajaría con una plantilla joven. El tiempo estaba de su lado. Había materia prima como para rearmar al equipo, despertar a sus jugadores de su pesadilla de caída libre y recordarles que estaban en el Barça.

Con la confianza de los predestinados, Guardiola se lo jugó todo en su primera decisión como entrenador del Barça. Anunció públicamente que en su proyecto no tenían cabida Ronaldinho, Deco y Eto'o. Por entonces no había jugadores con más poder que ellos dentro del vestuario. Causa pavor pensar en las represalias del sector escéptico con Guardiola si la apuesta no hubiera salido bien. El club respaldó sin fisuras al entrenador y se puso manos a la obra en busca de diferentes destinos para los descartados. Conociendo las historias posteriores, se podría aseverar que los 24 millones de euros que el Milan pagó por el traspaso de Ronaldinho y los 10 millones que abonó el Chelsea por Deco fueron operaciones acertadas. En aquel momento, sin embargo, se las criticó con dureza.

Si bien Samuel Eto'o finalmente se quedó una temporada más en el Barça, la marcha de Ronaldinho y Deco cumplieron el objetivo de Guardiola: otorgarle a Leo Messi el protagonismo total del nuevo Barça y dejar atrás el controvertido liderazgo de los brasileños. Días después de la llegada de Pep al banquillo azulgrana, el argentino cumplió 21 años, simbólica mayoría de edad que indicaba el camino de la madurez. El entrenador le entregó la camiseta número diez. Un gesto que le colocaba bajo los focos definitivamente.

Se podría decir que, bien miradas, todas las decisiones importantes que tomó Guardiola en sus cuatro temporadas como entrenador tuvieron que ver con Leo Messi. Pep siempre miró por el bienestar de quien identificó enseguida como piedra basal de su proyecto.

Guardiola supo de la existencia de Messi poco tiempo después de que Leo llegara al Barça. En las célebres comidas que organizaban junto a otros excompañeros de La Masía, Guardiola solía departir con Tito Vilanova, quien le explicaba que en la categoría Cadete B había un argentino "bueno de verdad". Pep le siguió la pista cuando su hermano, Pere, sumó a Leo al grupo de promesas patrocinadas por la empresa Nike. Al asumir el cargo de entrenador del primer equipo del Barça sabía que de su manera de conducir al joven prodigio dependería buena parte de su éxito.

## *Pekín*

Las circunstancias hicieron que enseguida Pep tuviera que intervenir en un tema que afectaba a Messi. La pugna entre la Asociación del Fútbol Argentino (AFA) y el Barça por la sesión de Leo para los Juegos Olímpicos de Pekín fue una llamada de urgencia para el nuevo entrenador. Luego de la drástica decisión de borrar a Ronaldinho y Deco, una nueva encrucijada obligaba a Pep a jugársela por el número diez de su proyecto. La situación era especialmente compleja. El club no estaba para hacer concesiones de ningún tipo. Decenas de aficionados se habían acercado al campo de La Masía para insultar a los jugadores durante los últimos entrenamientos a cargo de Rijkaard. Se pedía mano dura. Además, dejar ir a Messi a Pekín significaba su ausencia en el partido más importante del verano: el doble duelo contra el Wisla de Cracovia polaco para entrar en la Champions. No se trataba de un rival, pero sí de una instancia decisiva. Cuando el Barça ganó el recurso presentado ante el Tribunal Arbitral Deportivo (TAS) y los ejecutivos azulgranas se disponían a ejercer ese derecho comunicando a Messi que debía permanecer con el equipo, el propio Guardiola intercedió ante el club para que le dejase a Messi participar de los Juegos Olímpicos. Así, Leo se fue a los Juegos.

"Das para que te den", sintetiza Tito Vilanova. "Era importante que Leo estuviese contento. Pep creía que la mejor manera de conducirse era ésa. No creo en la mano dura. Cuando el Barça de Rijkaard ganaba se elogiaba su forma de llevar el vestuario. En el momento que perdió se comenzó a hablar de mano dura. Hay que encontrar el equilibrio. El jugador tiene que entender que el compromiso es por ambas partes." A pesar de la lluvia de críticas que generó la decisión, Guardiola se mantuvo firme, preparó el partido sin Messi y estableció, así, una relación deudor-acreedor con la que buscaba el compromiso total del argentino a su regreso de China.

El Barça superó sin problemas al Wisla y Leo Messi revalidó la medalla dorada en fútbol para la delegación olímpica argentina. Jugó seis partidos y marcó dos goles. Lideró junto a Juan Román Riquelme un equipo dirigido por Sergio Batista. En la final asistió a Ángel di María en el solitario gol contra Nigeria. A su regreso se sumó feliz al trabajo del Barça de Pep. "Él siempre me dice que no le agradezca, pero para mí fue muy importante que me dejase ir a China", reconoce Leo.

La primera parte del plan se había cumplido de forma inmejorable. La segunda tenía que ver con el compromiso de Leo. En definitiva, con la calidad profesional del argentino. A la luz de las cuatro temporadas posteriores, la de Pep fue una jugada maestra. Su intuición le permitió advertir que aquella era la forma de conducirse con un futbolista como Messi, cuya lealtad y agradecimiento acabaron por forjar su mejor versión como futbolista.

---

Diario de viaje
Austria y Suiza
Junio de 2008

## Mano de sabio

*Llegué al Tirol lleno de expectativas respecto de la selección española. Me alojé en Fulpmes, un enclave hotelero para esquiadores, a diez minutos en coche de Neustift, donde Luis Aragonés decidió concentrar a su equipo durante la Eurocopa Austria y Suiza 2008. La idea era no abandonar jamás el "Cuartel General", como le gusta decir a la prensa del fútbol, siempre amiga de vocablos bélicos. Así lo hicieron. Incluso cuando el equipo jugó en Salzburgo o Viena, siempre regresó a Neustift. La Roja, como la rebautizó Aragonés, fue creciendo con los partidos hasta alcanzar su mejor nivel en la semifinal y final. La Eurocopa que la España de Luis ganó en Viena resultó una inyección de confianza para los tres jugadores azulgranas que participaron de la gesta: Xavi Hernández, Carles Puyol y Andrés Iniesta. Contra todo pronóstico, Aragonés prescindió de Raúl González y José María Gutiérrez, "Guti", símbolos de una época que el Sabio de Hortaleza buscaba dejar atrás para proponer algo diferente. A la luz de los resultados posteriores —obtención del Mundial de Sudáfrica 2010 y revalidación de la Eurocopa en Ucrania y Polonia 2012 bajo la dirección de Vicente del Bosque—, la apuesta de Aragonés, objeto de las críticas más crueles, posee un valor incalculable. Luis vio más allá de los años de la Furia y lo apostó todo a un grupo de peloteros cultivados en La Masía. Xavi, Iniesta y Cesc Fàbregas, por entonces capitán del*

*Arsenal y jugador más joven del equipo español, con 21 años, fueron fundamentales en la obtención de la segunda Eurocopa para España.*

*Guardiola contó con un aliado inesperado en la construcción de su proyecto. La victoria reivindicó una identidad en peligro ante el escenario depresivo al que se había condenado el equipo luego de la decepcionante temporada final de la Era Rijkaard.*

*Hablé con Xavi Hernández en Neustift al día siguiente de la emotiva victoria contra Suecia, en el segundo partido de la primera fase. Fue un 2 a 1 electrizante que Villa resolvió en el tiempo de descuento. El empate podía meter en problemas a España; el triunfo la clasificó como primera del Grupo D a falta del partido contra Grecia, en Salzburgo. Con todo encarrilado, Xavi se soltó más de lo habitual en la entrevista. En Barcelona ya habían presentado a Pep Guardiola. Xavi habló del nuevo proyecto del Barça con naturalidad, sin esquivar preguntas ni poner la excusa de estar en otra competición y con otro equipo. "No hay mucha diferencia entre lo que hago con esta selección y mi labor en el Barça. A Luis y a Rijkaard, aunque son diferentes de carácter, les gusta el futbol ofensivo al que se ha acostumbrado el aficionado del Barça. Ambos se defienden teniendo la pelota. Es de agradecer que entrenadores de élite como ellos defiendan esta manera de trabajar, porque no todos lo hacen." Incluso en el peor momento de Rijkaard, que ya a esas alturas no sólo había dejado de ser el entrenador sino que la opinión pública y publicada lo había denostado, Xavi buscó palabras de elogio para el holandés, tal vez uno de los artífices de la gran explosión futbolística. A pesar de ello, a nadie se le escapaba que la temporada del Barça había sido mala. La figura de Guardiola, excompañero de Xavi, generaba una ilusión renovadora. "Ojalá se vea un fútbol atractivo, vistoso y ganador. Son ya dos años sin ganar ningún título. Demasiado para el Barça. Con Pepe hablamos el mismo idioma futbolístico. Su filosofía se basa en el toque, el control y la posesión. Está en sintonía con mi manera de entender el juego. Y tiene la experiencia para dar el salto que ha dado."*

*Un día antes de que España superase a Italia en la tanda de los penaltis y obtuviese, por fin, un lugar en semifinales, la voz del capitán Carles Puyol me explicó sus vibraciones respecto al nuevo Barça que parecía estar naciendo con Guardiola. "Pep es un hombre con las ideas claras. Nuestra relación ha sido siempre de respeto. Los que crecimos en el club cuando él ya estaba en el primer equipo lo tenemos como espejo. A los futbolistas nos toca mirar hacia delante, todos juntos. No hay tiempo para lamentarnos de lo que ha pasado. Es hora de asumir retos."*

*Luego conversé con Andrés Iniesta horas antes de la gran final ante Alemania. De los tres azulgranas en la Eurocopa, el manchego era el más expectante con la llegada de Guardiola, pues a pesar de su talento no había conseguido hacerse un hueco en el once de Rijkaard. El atrevimiento de Pep a la hora de sus apuestas ofensivas era la esperanza de Iniesta. Con Aragonés jugó toda la Eurocopa sobre la banda izquierda. Creció durante el torneo, superó una lesión y acabó a un nivel estelar. "Guardiola siempre ha sido mi ídolo y tenerlo como entrenador será una satisfacción. Pep reúne todas las condiciones para ser un gran técnico para el Barça. Como futbolistas del Barça lo único que deseamos es conseguir títulos para que la afición los celebre. Para ello es importante crear un buen grupo con el cual la afición se identifique. Cuando el equipo lo deja todo, el aficionado se da cuenta."*

*Consagrados en Viena, ninguno de los tres azulgranas podía imaginar que a la vuelta del verano comenzarían a desandar un camino de éxitos nunca visto en el Barça. Sus palabras durante la Eurocopa dejan constancia de que los tres estaban comprometidos con el nuevo proyecto. Sus ganas de dejar atrás los dos últimos años de sequía pudieron con todo. Sin saberlo, Aragonés les devolvió la confianza en una idea que con Guardiola elevarían a cotas imposibles.*

## *El silencio de Leo*

Que Guardiola había conseguido el compromiso total de Messi luego de permitir su concurso en los Juegos Olímpicos puede constatarlo la siguiente historia. Al acabar la temporada 2006-2007, el peso específico de Messi había crecido de manera exponencial. El proceso fue directamente proporcional a la lenta pero imparable caída de rendimiento de la estrella del equipo hasta el momento, Ronaldinho Gaúcho. A Rijkaard no se le escapaba que las jerarquías habían comenzado a cambiar. A Messi se le había quedado muy pequeña la banda derecha. Su capacidad de generar peligro debía ser aprovechada por el equipo de otra manera. Aquella demarcación comenzaba a parecer un confinamiento. Pero el entrenador holandés no supo cómo afrontar las modificaciones tácticas para ese curso. Forjado en el 3-4-3 durante sus años en las categorías inferiores, la propia naturaleza futbolística de Leo indicaba que su demarcación ideal era como mediapunta central, el clásico "10" argentino, por detrás de uno o dos delanteros. El peaje de llegar al primer equipo y actuar donde el entrenador le necesitase había sido pagado con creces por la ya fulgurante nueva estrella del fútbol. Pero Messi jamás le pidió nada a Rijkaard. No hacía falta: su fútbol hablaba por él. Entonces el holandés decidió pedirle un último esfuerzo en la banda, con la promesa de que, al año siguiente, trabajaría las modificaciones pertinentes para que él pudiese brillar como mediapunta.

La historia es conocida. No hubo "año siguiente" para Rijkaard. Su marcha dejó colgada aquella promesa. Messi ya tenía suficientes galones como para pedir protagonismo y reclamar el cumplimiento de la promesa a Guardiola, el sucesor de Frank. Pero no lo hizo. Pep nunca supo nada. El silencio de Leo fue su secreto gesto de compromiso ante un proyecto que comenzaba.

En el imaginario futbolístico de Guardiola, la figura del falso nueve o nueve mentiroso está encarnada por el sutil talento de Michael Laudrup, su compañero en la que acaso sea la más genuina versión del "Dream Team", siempre anterior a la llegada de Romário. Y Leo Messi parecía el futbolista indicado para ocupar ese puesto. En los primeros análisis que hicieron Pep y Tito Vilanova de la plantilla, el apartado de Messi, sin embargo, reclamaba la idea, menos específica, de acercarlo al área. La presencia de Vilanova en el cuerpo técnico fue un recordatorio constante para Guardiola de la virtud goleadora de Messi, que Tito había disfrutado como entrenador del Cadete B. Leo era goleador. Un delantero genial pero con gran olfato para el gol. En la banda se estaba secando.

Al llegar Guardiola al banquillo, el récord goleador de Messi se cifraba en las 17 dianas convertidas en la temporada 2006/2007, al cabo de 36 partidos jugados. La media de goles por partido no llegaba a medio (0,47). Eran números nada despreciables para el joven extremo derecho. Sin embargo, Guardiola estaba convencido de que bajo la piel de ese electrizante habitante de la banda latía el corazón de un goleador. A pesar de ello, la permanencia de Samuel Eto'o en el equipo cambió los planes del técnico. Messi era para Pep el gran talento del grupo, pero no podía ir en contra de la naturaleza de la plantilla que le había tocado entrenar. Leo, por tanto, debía permanecer en la banda. Y Guardiola trabajó con Messi su posición en el campo.

"No queríamos que los extremos persiguieran demasiado al lateral —explica Vilanova—. Si se colocaba en la posición más retrasada que le pedíamos no iba a hacer falta que le persiguiera tanto, pues ya lo vería de cara cuando arrancase." Como toda indicación de la escuela holandesa, también ésta tenía una justificación arraigada al espíritu ofensivo: "El riesgo que corremos al no perseguir hasta el final al lateral es, también, el beneficio por dejar un extremo como Leo libre de marcaje, pues su lateral está en posición ofensiva."

## *La energía infinita de Pep*

A pesar de la buena predisposición del argentino, la decisión de Guardiola de mantenerlo en la banda derecha era una mala noticia. Leo ya había sido el mejor asistente de goles del equipo y su peso en el grupo iba creciendo. La evolución no le era ajena a Guardiola. Antes de intervenir a su favor para que Leo disputase los Juegos Olímpicos, Pep le otorgó la capitanía en el amistoso contra el Dundee United. El argentino jugó con la *senyera* en el brazo izquierdo, símbolo azulgrana de la capitanía, y durante el partido se cumplió la profecía que, días antes, durante un entrenamiento, Guardiola le había deslizado. "Conmigo marcarás tres goles por partido." Leo sonrió. La frase no se debe entender como literal. Formaba parte del histrionismo de Guardiola con su jugador estrella. Pero la realidad fue que contra los escoceses marcó tres. Capitán, goleador y generador máximo de fútbol en la victoria veraniega por 1 a 5, Messi cobró una importancia vital para el equipo en esos pocos días de pretemporada. Por eso Guardiola salió al cruce de quienes veían en él un gigante salvador. "No quiero que tire del carro solamente él. Hay que ayudarlo porque él también ayuda mucho al equipo. La presión de los goles no puede ser sólo para él." Para refrendar esa opinión, Pep dejó ir a Leo a los Juegos confiando en que el equipo pasaría la previa de la Champions sin depender del argentino. Y así fue.

Lo que no cambió en la relación de Leo con el equipo fue, curiosamente, lo que el jugador buscaba cambiar: su demarcación. Con Eto'o en las filas azulgranas, al comenzar la temporada Guardiola mantuvo a Leo en el extremo. ¿Por qué Messi no demandó cambios? Posiblemente por la deuda que sentía con el entrenador por haber podido disputar los Juegos. Además, la primera versión de Guardiola es la de un técnico cargado de confianza y seguro de tener la capacidad para convencer a sus pupilos de lo que fuere. De hecho, la base del éxito de la primera temporada de Guardiola —la más ganadora de las cuatro— está en la construcción de un equipo cuyo talento estuvo siempre acompañado de una intensidad incansable. Esta manera de jugar fue hija de una situación que condicionó los primeros pasos del Barça de Pep: la relajación de la que venía la plantilla en el último año con Rijkaard. Guardiola ya estaba en el club como entrenador del filial y supo ver lo que pasaba. De manera que no le resultó difícil elaborar un diagnóstico y actuar en consecuencia. La consigna fue trabajar e insistir en los conceptos de presión, de ayudas al compañero, de ritmo de circulación y de correr. "Perdono que no se acierte en el campo, pero no que no se esfuercen porque el club está por encima de todo. El talento depende de la inspiración, pero el esfuerzo depende de cada uno", había dicho Guardiola en su presentación. A pesar de la claridad de conceptos y de sus propias intenciones con el equipo, el nuevo entrenador combatió las dudas con una insistencia inquebrantable. Los defensas debían ayudar a construir el juego desde atrás, los de la banda, a abrirlo, los de dentro, llegar al área. Los jugadores comenzaron a saberse de memoria el rosario de conceptos innegociables para Guardiola. En el entrenador operaba la confianza que le había dado sus éxitos con el filial el año anterior. Si los proyectos de futbolistas del Barça Atlètic habían aplicado sin problemas los conceptos que les había transmitido, los del primer equipo no debían tener ningún inconveniente en hacerlo. Dentro de aquel proceso estuvo también el de convencer a Messi de que debía acompañar a los otros dos delanteros en la presión. Leo lo hizo demostrando un compromiso que resultó vital.

## *El Barça se pone serio*

El periodista Ramón Besa realizó una interpretación muy ajustada a la realidad cuando argumentó que la figura de Ronaldinho había servido y mucho para sacar al Barça de la depresión en la que estuvo inmerso durante los años de presidencia de Joan Gaspart, en los que ni ganaba ni se reconocía ante el espejo. "El Barça necesitaba la sonrisa de Ronaldinho para combatir su tristeza y el extravío. No ha habido un jugador más optimista en el Camp Nou." Los acontecimientos posteriores demuestran que aquella etapa fue indispensable para dar paso luego a la de Leo Messi, un futbolista alejado de la figura lúdica y playera del brasileño. Un delantero criado en el *potrero*, donde el fútbol no ríe. El perfil de líder futbolístico o, acaso, de estrella del equipo que ofrecía Messi encajó de manera exacta con el discurso de Guardiola. En este sentido vale decir que hay una visión muy pragmática de Guardiola y Tito Vilanova sobre el camino que ambos han elegido para su Barça. Más allá del relato que acompaña su propuesta y del perfil de alumnos de Cruyff y la escuela holandesa, ambos suelen afrontar la explicación de la manera más práctica posible. "Jugamos así —asegura Vilanova— porque creemos que es el camino más corto hacia la victoria."

Con Ronaldinho fuera del equipo y Messi con el "10" en la espalda quedó claro que los días de fiestas y balones de playa habían dejado paso a un nuevo orden. Pese a que *Ronnie* y Deco eran sus amigos, Messi estaba en el barco de Pep. De alguna forma, las circunstancias le hicieron comprender a Leo que, luego de tres años como escudero del gran Ronaldinho, su hora había llegado.

Guardiola y Messi no sólo comulgaron en una manera de entender la nueva época del club, sino que la coincidencia se extendió también en el campo. Al argentino no le resultó una sorpresa ni una novedad lo que el entrenador pretendía inculcar al equipo. Hijos de la misma escuela, la consonancia en los conceptos y la manera de ejecutarlos fue total. Messi tenía años de bagaje tanto en el juego de posición que Guardiola ensayaba continuamente como en la manera de asociarse y de atacar.

Con Guardiola y una generación joven que había perdido su tiempo en los últimos dos años, el fútbol en el Barça se puso serio. Los resultados de esta nueva actitud no tardaron en verse reflejados en el marcador y, especialmente, en la manera de ganar. A pesar de continuar en la banda, formando parte de un tridente que generalmente completaban Samuel Eto'o y Thierry Henry o el debutante Pedro, Leo comenzó a golear asiduamente, síntoma inequívoco de que algo había cambiado.

## *El fútbol, dentro de un cuerpo herido*

Los problemas musculares de Leo Messi fueron objeto de estudio de Pep Guardiola y su equipo de fisioterapeutas y médicos. El entrenador entendió desde el principio que para que el argentino pudiese ofrecer su mejor versión primero debía conseguir una regularidad que las lesiones le habían robado. Al llegar a su cargo de entrenador del Barça, Messi iniciaba su cuarta temporada como miembro del primer equipo. En ese tiempo había sufrido cinco lesiones musculares de importancia, además de la rotura del quinto metatarsiano, que le había mantenido tres meses fuera de los campos de juego.

El primer cambio concreto fue la modificación de la rutina alimentaria del equipo. A partir de la llegada de Guardiola, además de desayunar los jugadores también comenzaron a comer juntos el menú preparado especialmente por los servicios médicos del club.

Tan imprescindible consideraba Guardiola este cambio que incluso decidió no esperar a que la Ciudad Deportiva, aún en obras durante sus primeras semanas de gestión, estuviese lista. Sin espacio físico en el Camp Nou para que comiera todo el equipo, el entrenador trasladó la comida al Miniestadi, el campo contiguo al Camp Nou, donde juega sus partidos el Barça B. Allí se cocinaban carnes asadas y otras comidas mientras Pep y sus técnicos esperaban que el club avanzara con las obras de la Ciudad Deportiva. Una vez estuvieron acabadas, toda la actividad del primer equipo se trasladó allí, a Sant Joan Despí, una zona ubicada a diez minutos en coche del Camp Nou.

El hecho de controlar dos de las tres comidas de Messi y sus compañeros tranquilizó a Guardiola. Algunos jugadores del Barça como el propio Leo fueron adquiriendo el hábito de comer verduras, pasta, pescado y frutas periódicamente. Los informes que tenía Pep de Messi eran buenos en cuanto al descanso, otro de los aspectos que el entrenador consideraba clave, de manera que, cubiertos correctamente estos dos hábitos, el resto de trabajo se diseñó específicamente para cada jugador.

El caso de Leo Messi se trató con gente especializada como el preparador Lorenzo Buenaventura. Este experto andaluz no conocía a Messi aunque había trabajado junto a Marcelo Bielsa en el proceso previo al Mundial 2002. Buenaventura y otros miembros del equipo de preparadores, como Francesc Cos, diseñaron para Leo un plan de prevención de lesiones basado en pesas y estiramientos.

Cuatro años después de la implementación de aquel plan de prevención, se puede decir que no sólo dio en la tecla, sino que permitió que Messi se convirtiera en el mejor futbolista del mundo. Leo no tuvo ni una sola lesión muscular de importancia durante la *Era Guardiola*. Sin embargo, en aquellos primeros momentos de trabajo la incertidumbre era total. Messi era un lesionado crónico cuyo talento permanecía rehén de un cuerpo herido. En este sentido, el doctor Josep Borrell, extitular de los servicios médicos del club, comentó luego de la última lesión muscular de Messi, en el Camp Nou contra el Celtic, que "el hecho de haberse tratado con hormona de crecimiento en el pasado le ha generado dificultades de tensión muscular. Esto facilita las roturas. El músculo está sometido a mucha tensión, es demasiado corto y necesita curaciones completas. Messi se lesionó porque la rotura anterior no estaba consolidada. Su bíceps femoral está muy castigado y por eso sufre recaídas". Pese a su sentencia lapidaria, Borrell veía una luz de esperanza si quienes le trataban sabían hacer lo mejor para solucionar el problema. "A largo plazo, yo no veo problemas. Si se trata las lesiones de forma adecuada, no tiene por qué sufrir tantas recaídas. Lo esencial es que las recuperaciones sean muy buenas, muy bien planificadas, y en algún momento habrá que decidir si se opera porque se pueden eliminar zonas de fibrosis." Finalmente, se sabe, no hizo falta ninguna operación. El trabajo del nuevo equipo técnico sumado a la propia madurez corporal de un jugador de 21 años dejaron atrás las lesiones.

## *Pásala, dijo Xavi*

Bastó la primera vuelta del torneo para advertir que el Barça transitaba por la temporada a un ritmo trepidante. Acabada la mitad del curso, Messi sumaba 22 goles, seis más que los convertidos en todos los partidos del año anterior, con Rijkaard en el banquillo. Siempre como extremo derecho, el argentino generaba fútbol y goles. Formaba junto al lateral derecho Daniel Alves un dueto que llenaba de juego el ala diestra del equipo. El Barça sumó cincuenta puntos en la primera vuelta, récord histórico del club. Pero el gran cambio se advirtió en la actitud y el orden del equipo. El de Guardiola era un conjunto compensado, muy sólido atrás, que juntaba las líneas y atacaba siempre con profundidad. Messi se había sumado sin problemas al cambio. Había dejado de ser el solitario salvador de un equipo largo y sin ideas.

La valentía de Guardiola alcanzó a todos los estamentos del club. Con Deco y Ronaldinho fuera del equipo, el coraje de Pep también se advirtió en la apuesta sin complejos por Andrés Iniesta. El talentoso mediocampista, que había debutado en la segunda etapa de Louis van Gaal en el Barça, allá por el 2002, no consiguió con Rijkaard hacerse un hueco en el once titular. Ríos de tinta se escribieron entonces sobre lo desaconsejable que resultaba hacer cohabitar en la medular al manchego con otro jugador de toque como Xavi. Guardiola no sólo lo hizo, sino que consideró imprescindible el concurso de ambos para el correcto funcionamiento del equipo.

Por su lado, Xavi, que había vivido como segundo capitán del equipo la gloria y caída de Ronaldinho, se fue convirtiendo en un socio especial para Messi. Dentro y fuera del campo, el mediocampista catalán se convirtió en un intérprete eficiente de Leo. Fue Xavi uno de los primeros que advirtió que el argentino se había amoldado rápidamente a la forma de trabajar de Guardiola y que las consecuencias de ello serían maravillosas. "Está siendo muy inteligente", me dijo por aquellos días. "Antes el juego que hacía era sólo para él, ahora también es para el equipo. Es mucho mejor futbolista. En los primeros años tenías que decirle: 'Leo, si tienes la pelota y te enfrentas a cuatro rivales, pásala atrás, que siempre habrá alguien en la ayuda. Si tienes uno o dos y quieres ir, ve, pero con cuatro por delante tócala, que aquí estamos.' Se lo teníamos que decir porque la calidad que tiene es tanta que se animaba con todo. Ahora con Pep ves que hace cosas que antes no hacía. Busca el compañero que esté de cara para pasarla y la toca siempre en el momento justo. Ha crecido mucho. A veces estoy en el campo llevando la pelota y le envío un pase que se me va un poco lejos. Me digo: 'no la podrá controlar'. Pero siempre lo hace. Y no sólo eso: la controla con un rival en la espalda, marcándolo. Lo hace de una forma tan simple que parece fácil, pero te aseguro que no lo es." Reserva estilística del Barça, Xavi tiene en la cabeza el ADN del club. Juega a uno o dos toques, busca asociarse y crear superioridad. "Cuando hacemos partidillos en espacios reducidos y vamos con algún otro compañero a encerrar a Leo en una esquina piensas que no saldrá, que lo tienes controlado, pero sale. Siempre sale. A veces ni siquiera sabes cómo lo hizo, pero se las ingenió para resolver el problema y salir. Tira de repertorio. Un túnel, dos regates muy rápidos... siempre sale."

Curtido en mil batallas con el Barça, el mediocampista apuntó a las victorias colectivas como camino más corto para el éxito individual de Leo. "Marcará un época, eso seguro. Puede ser tan grande como Maradona o Pelé. ¿De qué depende? De que el Barça gane. Diego fue tan grande porque los equipos donde jugó ganaron. Dos Ligas en Italia, una UEFA, un Mundial con la Argentina, una final en Italia '90... Maradona hacía ganar a sus equipos. Si Leo continúa así, hará época."

Ramiro Martín

## *Copérnico en el banquillo*

Guardiola nunca fue resultadista. Y eso le permitió no dejar de darle vueltas a su equipo a pesar de las mieles de la primera vuelta. Había algo que continuaba sin encajar para el entrenador. Y tenía que ver con Leo. Todos eran felices. Incluso Messi. Pero Guardiola no estuvo tranquilo hasta que resolvió la manera de convertir eso que era muy bueno, en algo maravilloso.

El equipo había dejado atrás una primera vuelta de récord con una victoria ajustada pero muy meritoria contra el violento Real Madrid de Juande Ramos. Fue una noche de lluvia en que el empate sin goles parecía inamovible hasta que Eto'o abrió la lata y, sobre el final, Leo superó a Casillas con una vaselina formidable.

El fichaje de Alves, la consolidación de Iniesta, el descubrimiento de Busquets y Pedro y la comprensión entre Leo, Eto'o y Henry perfilaban un presente inmejorable. Inconformista, Guardiola buscó otro giro. Uno más. "No podíamos seguir permitiendo que Leo no tocase la mayor cantidad de pelotas posible. Debíamos cambiar algo", apunta Tito Vilanova.

En marzo, cuando el Málaga vino al Camp Nou de visita y se llevó seis goles, algo cambió. No fue todo el partido, pero bastó para liberar a Messi de la prisión de la banda derecha. Se le vio moviéndose por el centro. Eto'o se desplazó a la banda derecha y desde ahí incluso pudo mantener su cuota goleadora, ya que marcó el cuarto tanto del Barça entrando por derecha, luego de una jugada iniciada por Messi desde el centro y asistida por Xavi. Cuando Dani Alves se proyectaba y ocupaba el extremo, Leo se desplazaba hacia el medio, justo por detrás de Eto'o. Fue una goleada magnífica, pero, secretamente, Guardiola estaba contento por lograr su objetivo: Messi había entrado mucho más en juego que desde la banda. Ésa era la mejor noticia que podía recibir. "Fue un gran cambio que Pep me colocase más cerca de la portería", reconoce Leo. "Comencé a hacer los goles que hasta ese momento no había hecho en el primer equipo."

El cambio fue *copernicano*. Y además influyó en las dos direcciones. Guardiola entendía que era lo mejor para el equipo y Messi comenzó a saborear las mieles del gol. Detrás de la decisión y del estudio exhaustivo de cómo Leo podía desplegarse como "nueve falso" estuvo el consejo constante de Tito Vilanova. Cuando Guardiola y Tito llegaron para entrenar al Barça el gol parecía una cuenta pendiente en el juego de Messi.

Guardiola y Tito convinieron rápidamente que Leo era ideal para encarnar ese papel que antes había representado Laudrup. No había necesidad de enumerarlos, pero entre Pep y Tito evaluaron los beneficios que supondría tener a Leo en el centro del ataque. Estaban de acuerdo en que la nueva demarcación potenciaría todas las cualidades del argentino. Pegado a la banda tocaba muchas menos pelotas que las que tocaría en el centro. Los técnicos, de hecho, advertían que tantas temporadas como extremo derecho habían creado en Messi la necesidad de intentar alguna jugada genial cada vez que entraba en contacto con el cuero. De esta obligación autoimpuesta llegó el genial gol contra el Getafe, iniciando la jugada, justamente, desde la banda derecha, aunque a la altura del medio del campo, posición que explica su deseo ferviente de tocar la pelota donde fuere. A pesar de que en su momento Rijkaard entendió que la banda le permitía desplegarse, la realidad era que allí el marcador lateral encargado de obstruirle el paso siempre contaba con ayudas, ya sea del mediocentro, del defensa central o de ambos. Por último, colocarlo en el centro acababa con una de las peores sensaciones de Guardiola como entrenador: que pasara mucho tiempo sin que Messi interviniese en el juego.

## *Guardiola, el gran maestro*

Además de la convicción que tenía Guardiola de que desplazando a Leo al centro del ataque todo iría mejor, el entrenador se había exigido a sí mismo explicar y argumentar las razones. "Pep —explica Gerard Piqué— no solamente te da las órdenes, también te explica por qué." Messi sabía exactamente lo que significaba cambiar la demarcación. Y tal vez ni siquiera hubiese sido necesario plantearle los beneficios del cambio, dado que jugando en el medio él recuperaba viejas sensaciones del fútbol base. Sin embargo existían algunas diferencias claras y Guardiola quería transmitírselas. El cambio no reproducía aquella demarcación de mediapunta en el 3-4-3, con todo el frente de ataque a su disposición además de tres delanteros para asistir. La nueva posición tenía sus secretos, sus juegos. Pep los sabía todos. El reto era explicárselos a Messi. Guardiola se formuló entonces la misma pregunta que todos los entrenadores de Leo: ¿Cómo enseñarle a un genio?

A Pep le sobró mano izquierda para llevar el tema. Intuitivo como es, se impuso el no dar órdenes ni directrices.

A Leo, se dijo, hay que sugerirle.

Guardiola se tenía confianza pues si había convencido al mismo Leo de que se mantuviese en la banda y el argentino, comprometido, había sido un ejemplo en el juego y la presión, desplazar a un lugar donde su juego despegaría con total comodidad sería mucho más fácil. Guardiola utilizó también el bagaje que había acopiado como compañero de otros futbolistas como Leo, espíritus libres del fútbol, gente muy especial como Romário, por ejemplo. Pep aprendió a saber enseguida cuándo estaba bien y ganaría el partido y cuándo estaba desconectado de todo. Guardiola siempre tuvo a Messi como un chico muy listo, inteligente. De manera que consideraba imprescindible comunicarle todos sus conocimientos sobre el falso delantero centro. Fueron diversas charlas. Algunas en el despacho del entrenador, en el primer piso de la moderna estructura de la Ciudad Deportiva del Club. Allí le mostró Pep resúmenes de partidos que le ayudaron a mostrar a Leo detalles, matices, pequeños secretos de la demarcación, de cómo se movería el equipo a partir de su juego en el centro del ataque. Le mostró posibilidades y le garantizó que si el equipo y él lo hacían bien, llegarían más goles. Exjugador, Guardiola tenía claro que nada se conseguía por imposición.

Además, no se trataba de una demarcación como otra: el falso delantero centro es un rol clave en el dibujo táctico que proponía Guardiola. El entrenador le explicó a Messi la necesidad de que, en determinados momentos, se retrasara unos metros para combinar con Xavi e Iniesta y generar, así, superioridad. "El central —le vaticinaba— saldrá fuera del área a buscarte, entonces tú puedes abrir al extremo o jugarte el uno contra uno." En aquellas charlas, Guardiola le recordaba el gol contra el Getafe. No quería que tuviese que hacer eso en cada partido. Quería que no dejara de tocar la pelota, que entrara en el circuito de juego. Incluso en las medias partes, en el vestuario, Guardiola se acercaba con algún tímido: "Mira, creo que si vas por aquí te vas a mover mejor." El entrenador se daba por satisfecho dando esa indicación. El resto lo hacía a partes iguales la intuición genial del jugador y la propia libertad que se le daba.

## *El genio en libertad*

Aunque parezca un contrasentido, todas aquellas charlas en su despacho, durante el entrenamiento y en las medias partes de Guardiola con Leo eran la manera del entrenador de construirle a su estrella un espacio de libertad. El técnico tenía claro que había que trabajar y mucho para que Messi pudiera emprender sus aventuras. Aquella frase del siempre lúcido Menotti sobre la necesidad de que Leo "organizara su alegría" era el objetivo que se había impuesto Guardiola. Para dejarlo volar había que enseñarle casi todo y preparar el mejor escenario.

También en el fútbol, acaso lo importante no sea la libertad en sí, sino saber qué hacer con ella. Antes de Leo había habido maneras muy equivocadas de entender la libertad. Una de ellas —hablando en clave táctica— había sido la de Ronaldinho. Pero no por su falta de disciplina en su último año en el Barça, sino por la etapa en que Rijkaard también intentó, sin suerte, desplazar a su estrella al centro del ataque. Fueron sólo cuatro partidos. Pero ni la calidad infinita del Gaúcho pudo salir adelante. El holandés no tenía demasiado claro cómo hacer encajar al brasileño en esa posición. Y *Ronnie*, pese a ser un formidable futbolista, carecía del bagaje necesario para moverse con naturalidad. Le costaba perfilarse correctamente, jugaba siempre de espaldas a la portería rival y no conseguía jugar cómodo. Rijkaard abandonó rápidamente la idea. Pero siendo ambos grandes jugadores ¿por qué Messi supo jugar enseguida y de forma natural en esa posición y Ronaldinho no? El secreto fue la escuela de fútbol a la que asistió Leo desde los trece años. Messi había crecido haciendo aquellos ejercicios de juego de posición, rondos y fútbol en espacios reducidos. Borrell, Pep Boada, Juan Carlos Pérez Rojo, Benaiges y Álex García, Tito Vilanova, Hoyos y Gratacós… Todos ellos le habían enseñado a lo largo de los años la manera de estar siempre bien perfilado en la jugada, la forma de asociarse, los tiempos justos para tocar, combinar y el criterio para saber cuándo es momento de desequilibrar con la técnica y cuándo no.

Más atrás en el tiempo había habido otro caso, aunque no tan paradigmático como el de Ronaldinho y Messi. Fue el de Rivaldo, que como extremo izquierdo alcanzó su mejor versión y fue premiado como el mejor futbolista del mundo, pero su deseo era jugar en el medio, ser el "10" del equipo. Pese a que Llorenç Serra Ferrer le dio aquella libertad que Louis van Gaal le había negado, el brasileño no logró desde el centro tener la misma influencia que como extremo. El equipo y la época, es cierto, no le ayudaron, pero sus nociones de juego colectivo no eran suficientes como para mejorar el equipo desde una posición tan clave como la de mediapunta por el centro.

## *El factor Estiarte*

"Fue quien más me ayudó a comprender a Leo", me dice Guardiola sobre Manel Estiarte. La imagen se recuerda bien. Sobre el campo del Estadio Olímpico de Roma, el técnico y su amigo se abrazan, acercan sus caras y se gritan mutuamente, incrédulos y felices. Estiarte fue la persona que Guardiola eligió para que durante su gestión oficiara de puente entre el cuerpo técnico y la directiva. Pero además, el técnico lo reconoce como un consejero fundamental durante su gestión en el Barça. Eran amigos desde que se conocieron durante los Juegos Olímpicos de Barcelona '92, donde Estiarte participó con la selección española de waterpolo y Pep con la de fútbol. Durante la estadía de Guardiola en Italia, en el epílogo de su carrera, la amistad se reavivó pues Estiarte residía desde muchos años atrás en el país transalpino. A la hora de dar el paso de coger el primer equipo del Barça, Pep pensó en Manel.

Estiarte fue fundamental en el conocimiento que Guardiola fue adquiriendo sobre Leo Messi. El entrenador del Barça siempre se reconoció un futbolista técnicamente bueno cuya virtud principal era hacer buenas lecturas de los partidos, pero nunca pretendió describirse como un gran dominador de las contiendas ni un jugador capaz de, por sí solo, ganar un partido. Como Romário en su día. Como Messi. Y Estiarte se volvió objeto de muchas consultas para Pep pues en el waterpolo había sido parecido a lo que era Messi en el fútbol. Designado siete veces consecutivas mejor jugador del mundo, entre 1986 y 1992, Estiarte fue un goleador voraz, de la clase de deportistas que dominan su especialidad con una autoridad incuestionable. "No juegan sólo para ganar; juegan para trascender", había descrito alguna vez Guardiola a esta especie de deportistas en los que aunaba a Estiarte, Messi o Michael Jordan.

Estiarte fue clave en los días en que Pep no entendía algunas actitudes de Leo. Había que saber leer los estados de ánimo cuando no marcaba pero el equipo ganaba o convertía goles pero no estaba en su mejor nivel. En aquellas situaciones puntuales, el consejo de Estiarte, que había pasado por lo mismo en su deporte y comprendía a Leo porque se sabía un igual, era imprescindible. "Déjalo, ahora no le hables", le podía aconsejar Manel a Pep luego de un partido en que Leo no había brillado como suele hacerlo. "Dile algo ahora", le podía aconsejar en otro momento. Guardiola tiene el convencimiento de que el hecho de que Estiarte se viese reflejado en Messi fue una ayuda impagable para poder comprender al *crack*.

---

## Crónica
## Real Madrid – FC Barcelona
2/5/2009

### La mentira más linda del mundo

*Fiel a sus tradiciones argentinas, a Messi le gusta decir que juega de "nueve mentiroso". Según el argot castellano de España, Leo juega de "falso delantero centro". El 2 de mayo en el estadio Santiago Bernabéu, la defensa del Real Madrid fue engañada cruelmente por Pep Guardiola y sus jugadores. Fabio Cannavaro, Sergio Ramos, Marcelo y el altísimo Christoph Metzelder no supieron de qué jugaba exactamente Leo Messi. Cuando se dieron cuenta el Barça ganaba 1 a 3. Cuando quisieron remediarlo el argentino había marcado ya su segundo gol y el Barça había sentenciado el duelo, firmando el histórico 2 a 6, una de las obras cumbre del Barça de Guardiola.*

*Aquel ensayo contra el Málaga debía tener, según entendían Pep y Tito, una puesta de largo en una gran ocasión. Los técnicos se acabaron de decidir luego del empate sin goles en el Camp Nou en el duelo de ida de la Champions contra el Chelsea. Entrenado por Guus Hiddink, el equipo inglés anuló a Leo con un sistema de ayudas escalonadas que sus jugadores aplicaron a la perfección. Había que liberar al argentino de la banda y darle espacio por delante y desde el centro.*

*Siguiendo el ideario cruyffista, una de cuyas máximas es que en los grandes partidos es recomendable sorprender con algún cambio de guión imprevisto en la alineación, Pep decidió que aquél era el día. Fue un engaño en toda regla. Pergeñado con premeditación y alevosía. Una mentira hermosa. Messi comenzó el partido como extremo derecho, intentando incordiar a quien se había preparado como nunca para el duelo, el brasileño Marcelo. Pero pasados los ocho minutos de rigor, tiempo que los entrenadores dedican habitualmente a estudiar si la propuesta del rival coincide con sus previsiones, Messi, sibilinamente, se desplazó hacia el centro del ataque al tiempo que Eto'o, con mucha discreción, se pegó a la banda.*

*El gol de Higuaín no cambió los planes. Al contrario. Seguro de sí mismo, el equipo mantuvo el guión previsto. Sólo tres minutos después de la apertura del marcador, el Barça empató de la manera que había soñado Guardiola. Messi buscó desde su posición más centrada la combinación unos metros más retrasado de lo habitual. Tocó con Henry y, cuando el francés fue al espacio, le habilitó con un toque preciso que Sergio Ramos intentó en vano rechazar de chilena. Leo marcó luego dos goles. Sus dos primeros goles en el Bernabéu. El primero llegó gracias a una presión de Xavi que Leo, acompañándolo como delantero centro, aprovechó como el mejor de los arietes.*

*El sacrificio de Samuel Eto'o fue producto de toda clase de elogios. El gran goleador de las últimas temporadas daba un paso al costado para que la estrella emergente encuentre su mejor lugar en el campo. Messi jugó durante toda la segunda parte en el centro del ataque. Pero si en la primera había sorprendido enfrentándose de cara con los centrales, en la segunda, ya asentado como falso delantero centro, se permitió bajar hasta la mitad del campo para crear superioridades con Iniesta y Xavi y superar así a Gago y Lass, los mediocentros que Juande Ramos había dispuesto para combatir el juego azulgrana. El 2 a 6 no es solamente la primera gran muestra de superioridad del Barça de Guardiola ante el Real Madrid, sino también el viaje iniciático de Leo hacia una posición en el campo que ya no abandonaría nunca más. Para Messi, además, la victoria tenía un sabor especial, pues la última visita al Bernabéu se había saldado con aquella derrota 4 a 1 del Madrid campeón al que el Barça debió hacerle el pasillo.*

*La mentira más linda del mundo, para siempre en el recuerdo del Barça, y de Messi.*

## *El final del comienzo*

El triplete histórico de títulos, Copa del Rey, Liga y Liga de Campeones, conseguido por el Barça encumbró a Pep como el mejor entrenador debutante de la historia del fútbol español, y acaso del europeo. Los éxitos sirvieron para reivindicar una generación joven que detuvo drásticamente la caída libre en la que estaba inmersa desde hacía dos temporadas y, básicamente, fue un curso que sirvió para aclarar de forma definitiva el panorama sobre el futuro de Leo Messi dentro del dibujo táctico. Leo nunca dejaría ya de ser falso delantero centro. La final de la Champions en Roma, contra el Manchester United, acabó de convencer a los técnicos.

La noche fue perfecta incluso para Samuel Eto'o, cuyos habituales deseos reivindicativos se vieron satisfechos con el gol que marcó llegando desde la banda derecha, el lugar donde Guardiola le pidió que se sacrificara para que Messi pudiese desplegar su mejor fútbol. Luego de un comienzo titubeante que Cristiano Ronaldo estuvo a punto de aprovechar con una falta directa abortada por Valdés, el Barça comenzó a mandar en el partido y Eto'o lo encarriló con su gol a los diez minutos. Messi jugó una final notable. Antes de jugarla había confesado su íntimo deseo de ganarla entre otras razones porque recordaba con rabia su ausencia por lesión en la final de París.

Como si se tratara de un guiño a la decisión de Guardiola de colocarlo como delantero centro, el argentino de 169 centímetros de estatura marcó de cabeza burlando una defensa de torres descomunales como Rio Ferdinand y Nemanja Vidic. Su cabezazo preciso superó por alto a Van der Saar. El pequeño futbolista con dificultados de crecimiento saltó más que nadie, ante la mirada atónita de Ferdinand, y cabeceó a gol el centro de Xavi. Faltaban veinte minutos pero todo estaba decidido.

Messi acabó el curso con 38 goles en todas las competiciones. Más que nadie. Más que Eto'o, quien dejaría el equipo aquel verano. En la Champions comenzó su reinado como máximo artillero. Marcó doce ese año. El último de ellos fue su salto definitivo a la cima del fútbol.

## *Ibrahimovic y el laberinto*

Zlatan Ibrahimovic fue el último dinosaurio en la etapa evolutiva del Barça de Guardiola y Messi. Después de su fallido paso por el equipo, los directivos entendieron que el proyecto de Guardiola marchaba en una dirección contraria a la de fichar un delantero centro estrella, una *prima donna* como el sueco, futbolista genial y primera espada de cualquier club de Europa. Menos del Barça.

Los técnicos recibieron la noticia entre la sorpresa y la resignación. Les había costado todo un año y mucha energía en explicaciones y argumentos encajar a Messi con Eto'o y, ahora, luego de una operación rocambolesca, la directiva se sacaba de la manga la contratación de un futbolista aún más difícil de encajar en el equipo que el camerunés. Pese a su carácter, Eto'o había demostrado versatilidad. Sus condiciones futbolísticas le permitieron jugar y muy bien en la banda. Tal cosa era impensable con los 195 centímetros y 85 kilogramos de futbolista que era Ibrahimovic. Había que trabajar el encaje con Messi.

En aquel Barça primaveral y ganador se interpretó con excesivo optimismo la llegada de Ibrahimovic. Las voces más positivas recordaron que se trataba del goleador del *Calcio* que, además, se había formado en la escuela del Ajax. Todo era verdad, pero era difícil imaginar la convivencia entre una torre como el sueco y el genio argentino, instalado ya en el papel de falso delantero centro.

Guardiola y sus técnicos metieron mano en el equipo como nunca antes. La primera vuelta del curso anterior había sido lo más académica posible: extremos, delantero centro, interiores, laterales que suben... Y en la segunda Messi se insertó en el centro del ataque. La temporada que comenzaba, en la que debía consolidarse esa versión con el argentino de "9", llegó Ibrahimovic y cambió todos los planes.

"Irá interpretando lo que debe hacer hasta que se adapte a nuestro juego", vaticinó Guardiola sobre el sueco. El contratiempo de tenerle en la plantilla obligó al entrenador a alinear a Messi en la banda, aunque sólo de inicio, permitiéndole que fuera su intuición la que le llevara a diferentes zonas del campo. Y la intuición de Leo, se sabe, siempre le lleva a querer participar, a ocupar el centro de la escena, el centro del ataque. Las diferencias, sin embargo, se verían rápidamente.

---

Diario de viaje
Principado de Mónaco
28/8/2009

## Sostiene Pep

*Montecarlo nos recibió con el calor habitual de finales de agosto. La sede fija de la Supercopa que enfrenta a los dos campeones europeos mostraba, como siempre, sus dos caras. Por fuera, en las calles, el lujo obsceno de coches y tiendas. Por dentro, en el estadio, el peor escenario posible para una final europea: el Louis II tiene posiblemente el peor campo de juego de Europa. "Una vergüenza jugar aquí", diría al final del partido Pep*

*Guardiola. Aquel duelo es uno de los preferidos del entrenador para valorar a Leo Messi. No se trató de una goleada histórica, ni de una exhibición inconmensurable de fútbol, sino de un triunfo* in extremis, *ganado a fuerza de insistencia y coraje, en el último suspiro de una noche agobiante y humedad.*

*Frente al equipo azulgrana, el combativo Shakhtar Donetsk de Mircea Lucescu. En las filas ucranianas, un futuro defensa central del Barça, Dmitro Chigrinskiy. Como pasó en la primera etapa de aquella temporada, Leo inició el partido escorado a la banda derecha, dejando a Ibrahimovic en el centro y Thierry Henry en la izquierda. El propio juego llevó al argentino por todo el frente de ataque, incluso retrasando la posición para buscar otras alternativas. Fue imposible marcar para el Barça. La férrea defensa ucraniana aguantó hasta el final de los noventa minutos. Leo había sido el que más lo había intentado. Tan dueño del partido se sintió que Guardiola, acaso en la primera decisión que pudo haber enojado a Ibrahimovic, quitó al sueco del campo para darle diez minutos, más la posible prórroga, a Pedro, un socio más adecuado para Messi. Con un rival encerrado en su área, el canario presentaba más aptitudes para quebrar esa resistencia que el altísimo Zlatan, que estorbaba a Leo por el centro.*

*Antes de la prórroga, Guardiola ofreció a sus jugadores un discurso emotivo, lleno de indicaciones tácticas pero de tono épico. El Shakhtar estaba en plena temporada en Ucrania, por lo que físicamente tenía ventaja. El Barça apenas si había empezado el curso. Agosto no es precisamente el mejor momento para jugar una final con prórroga. Messi fue el más activo de todos. Durante la arenga de Guardiola había parecido desatento. Sobre el campo, en cambio, se puso el equipo a la espada. En una demostración descomunal de competitividad, el argentino buscó sin descanso el gol que diera la victoria. Probó haciendo su típica diagonal desde la derecha, combinando con Pedro o Henry o buscando el disparo de media distancia. De su repertorio sacó un segundo de lucidez en el borde del área, con tres defensas centrales a punto de quitarle la pelota, y encontró un hueco por donde asistir a Pedro, que marcó el gol del triunfo.*

*Durante la rueda de prensa, Pep Guardiola abandonó aquella postura diplomática y respetuosa con los dioses del Olimpo del fútbol, los Mara-*

*dona, Pelé, Di Stéfano y Johan, para decir ya sin complejos: "Messi es el mejor jugador que he visto y veré." Lo sostuvo con determinación, seguro de no equivocarse. Fue la primera vez.*

## *La decisión obvia*

A pesar de los buenos números del sueco, Guardiola encontró inconvenientes en la convivencia de Ibrahimovic con Messi. La evolución imparable de Leo como un futbolista integral, capaz de influir en todas las fases del juego, no encajaba con la presencia de Zlatan en el once.

La mirada radical que hizo Guardiola del legado y la escuela holandesa contemplaba la figura del delantero centro como un recurso puntual. Y si bien una de las premisas del entrenador es adaptarse a la materia prima que tiene en la plantilla, el peso específico de Messi siempre decantaba las decisiones a favor de su libertad. Una decisión obvia, por otra parte, ya que en cualquier situación de elección Leo superaba a cualquier rival, también a Zlatan.

Ibrahimovic hizo goles, decidió un clásico en el Camp Nou y colaboró con el equipo. Sus estadísticas están ahí. Pero para que ello sucediese la operación táctica que llevó a cabo Guardiola fue colosal. El Barça llegó a jugar algunos partidos con un 4-4-2, girándose el equipo de tal manera que Messi y Zlatan oficiaran de arietes por delante de cuatro mediocampistas casi en línea. La idea del entrenador era que ambos se repartieran todo el frente de ataque. Pero no funcionó. Si bien Messi poseía toda la versatilidad necesaria para brillar incluso con ese esquema, el despliegue de Ibrahimovic, delantero expansivo y acostumbrado a campar a sus anchas en el *Calcio*, volvió difícil la coexistencia. Desde el banquillo se entendía que era posible, pero no saludable para el equipo. El funcionamiento se resintió hasta tal punto que Guardiola comenzó a prescindir de Ibrahimovic en los momentos más calientes de la temporada. La eliminación de la Liga de Campeones a manos del Inter de Mourinho fue la última prueba de que el *Caso Ibra* no tenía solución. A falta de media hora y con el equipo volcado sobre la portería rival en busca del gol, Pep sustituyó al sueco por Bojan Krkic. Había hecho el mismo cambio en el duelo de ida, en San Siro. Todo el Chelsea de Mourinho esperaba dentro y en la puerta de su propia área, aguantando como podían las embestidas del Barça. En aquel escenario el sueco era incapaz de desequilibrar. Guardiola necesitaba delanteros ágiles para infiltrarse entre torres como Walter Samuel y el brasileño Lúcio, líderes de la defensa que contó con la ayuda de Samuel Eto'o, que en su regreso al Camp Nou jugó casi como un lateral izquierdo.

El gol que marcó Bojan y que hubiese dado la clasificación —antes había marcado Piqué y el Barça necesitaba un 2 a 0— dio la razón a Guardiola, aunque el árbitro acabó anulándolo por una mano previa de Touré Yaya que consideró intencionada.

El joven Bojan y el canario Pedro Rodríguez se convirtieron en acompañantes más adecuados para Messi en el ataque del equipo.

---

Diario de viaje
Seúl y Pekín
Agosto de 2010

### El fútbol como solución

*Viajamos junto al Barça a principios de agosto hacia Seúl y Pekín, únicos destinos de una gira asiática que para Leo Messi significó la primera actividad luego de la resaca de un Mundial frustrante. El Barça estaba expectante durante aquellos días respecto de Leo. Tanto los técnicos como los directivos y compañeros calibraban su estado de ánimo para descubrir cómo reaccionaría el jugador luego de Sudáfrica 2010, donde estaba llamado a ser una de las estrellas y ni siquiera logró marcar un gol. Además, algunos de sus compañeros más cercanos no habían acudido a la gira pues aún tenían días de vacaciones, ya que habían acabado los últimos el Mundial, ganado, precisamente, por una selección española poblada de jugadores azulgranas.*

Su pobre Mundial no había perjudicado su imagen futbolística ante los aficionados surcoreanos. Por entonces Leo ya era una celebridad más allá de sus resultados dentro del campo.

La dimensión real de su fama se materializó cuando, una vez en Seúl, Pep Guardiola desató la indignación de los organizadores del único duelo amistoso en Corea, contra un combinado de la K-League, el campeonato local, al asegurar que Messi no jugaría el partido. El argentino tenía, según el entrenador, algunas molestias, y exponerlo a jugar en aquellas condiciones el primer partido de la pretemporada en Asia no era un riesgo que estaba dispuesto a correr.

Que juegue Messi se convirtió para los organizadores en una cuestión de estado. Se explica que en las reuniones con los ejecutivos del Barça algunos empresarios surcoreanos estallaron en cólera y arruinaron algunos muebles a base de golpes para descargar su ira. La jornada duró hasta altas horas de la noche. Se trataba, además, de la primera gira organizada por la nueva junta directiva liderada por Sandro Rosell, que había ganado las elecciones meses atrás. Directivos y técnicos se estaban conociendo. De aquí que los primeros tardaran y mucho en decidirse a consultar a Pep Guardiola si había alguna posibilidad de que Messi jugase aunque fuese unos minutos.

Luego del entrenamiento matinal del día siguiente a la ronda de reuniones, Messi se encontraba mejor y jugó. Fueron apenas quince minutos, pero bastó para que marcase dos goles, como si quisiera decirle a los organizadores, al Barça y al mundo que el fútbol consiste en eso, en jugar. El fútbol como solución. "Cuanto más juego, mejor estoy", dijo días después.

Además de su fútbol, Messi dejó en aquella gira una huella notable con una respuesta en la que mostró el respeto que, en parte, también aprendió en el Barça. Fue cuando un periodista le consultó sobre qué imagen le quedaba del fútbol de Corea luego de marcar dos goles en tan poco tiempo en el campo. "No hablo ni critico a los rivales a los que me ha tocado o me toca enfrentarme. Me consta que el coreano es un fútbol que ha progresado muchísimo", se limitó a decir.

Dejamos Corea del Sur atrás camino de la China. Allí, en Pekín, Guardiola garantizó el concurso de Messi y todo el mundo respiró tranquilo. De la mano de Pep, el argentino se reencontró con el Nido del Pá-

*jaro, el estadio donde, gracias al permiso del entrenador, obtuvo en 2008 la medalla de oro olímpico de fútbol con la selección argentina. Se jugó bajo un calor agobiante. Guardiola propició durante la primera parte el reencuentro de Leo con Víctor Vázquez, el talentoso delantero con el que formó una de las grandes duplas del fútbol base.*

## *Pedro conduce a Villa*

"Es increíble jugar con él. Un placer. Un orgullo", me dice Pedro Rodríguez sobre la experiencia de compartir tridente ofensivo con Messi. "Le diré a mis nietos que jugué con Leo." La del canario es una de las figuras más *guardiolianas* del Barça. Fue la gran apuesta de Pep en su primer año y, en el verano de 2010, cuando el club decidió que Ibrahimovic no debía seguir, su peso en el equipo se incrementó de forma notable.

Ibrahimovic se convirtió por sí solo en un error que el Barça no volvería a cometer. El fracaso en su adaptación marcó una hoja de ruta de la que el Barça ya no se movió a la hora de buscar delanteros en el mercado de fichajes. La buena actuación de Pedro confirmó la evidencia: el equipo necesitaba jugadores que tengan a la vez goles y versatilidad para atacar por las bandas. El centro del ataque es propiedad de Messi, ariete infalible, asistente preciso y estratega capaz de combinar como nadie con Iniesta y Xavi.

De alguna manera es la figura de Pedro la que conduce a la contratación de Villa. El asturiano había estado a punto de sumarse a la plantilla del Barça el verano anterior, pero la incorporación no se había podido concretar. Ibrahimovic volvió a Milán, esta vez al Milan, criticando duramente a Pep Guardiola. Con Villa en el equipo, el paso evolutivo del dibujo táctico hacia la potenciación absoluta del fútbol de Messi fue total.

La figura del *Guaje*, como se conoce al goleador asturiano, respondía a una necesidad creciente en el equipo. Dotado de prodigios de la técnica, el Barça se estaba quedando sin el valor siempre necesario de futbolistas que atacasen el espacio, que fueran a buscar una asistencia larga y quebraran, así, las defensas más férreas. De este modo se alargaba el equipo. ¿Y para qué quería Guardiola alargar al equipo? El técnico entendió que había que cambiar, pues los rivales habían aprendido a contrarrestar el juego por bandas. Alargar al equipo significaba crear espacios para sorprender al rival atacándolo con los jugadores interiores. Así, comenzaban a jugar un papel fundamental en la conversión de goles los mediocampistas como Xavi, Iniesta, Keita y otros obligados a visitar el área rival.

Pep comenzó a trabajar deliberadamente para que Messi recibiera la pelota con comodidad. Según cómo defendía el rival se buscaba el espacio idóneo para Leo. Esta nueva etapa abierta con la llegada de Villa mostró lo mejor de la escuela que ha formado a Messi. Su discípulo más convencido, Pep Guardiola, encontró el camino exacto. Su inteligencia táctica permitió abastecer a Messi sin renunciar a la idea innegociable de siempre. También con Leo como líder el fútbol siguió siendo para Pep una cuestión de espacios. Primero se estudia cómo juega el rival y luego le dice a su equipo cómo hay que atacar ese día. No varía la idea, pero sí la manera de llegar al gol.

En futbolistas como Pedro y Villa se encuentra el perfil que Guardiola necesitaba para esa nueva etapa. Delanteros de un perfil muy sacrificado, que corran para abrir espacios sabiendo que muchas veces no recibirán la pelota ni entrarán en juego, pero habrán trabajado para Messi o quien esté en posición de definir. Cumplen su función de llevarse su marcador y liberar la zona. Después de la nefasta experiencia con Ibrahimovic queda claro que a Messi le viene mucho mejor jugar y mezclar su fútbol con jugadores como Pedro y Villa.

En la decisión de Guardiola de colocar a Messi en el centro de la evolución del sistema está la certeza de que no hay mayor garantía en el fútbol que potenciar al mejor de todos. Pep sabía, además, que Leo había probado la miel del gol. Que marcaba cincuenta o más por año y quería seguir haciéndolo. El Barça también quería que los hiciera y el equipo debía trabajar para ello.

Desde el convencimiento, Guardiola entrenó, estudió y mejoró el trabajo previo al momento en que Leo recibe la pelota. "Tocamos la pelota cuatro o cinco veces hasta encontrar a Leo y dejarlo en uno contra uno o dos contra uno", sintetiza Xavi Hernández. Cuando el argentino la tenía en su pies, el equipo se coordinaba a su lado, atrás y adelante, con movimientos que acercaran a Leo al gol. Se advertía con facilidad cómo los jugadores interiores del Barça iban hacia los que debían marcar a Messi, les atacaban para llevarse su marca, les despistaban, les añadían trabajo y les confundían para que Leo pudiese atacar más liberado. Nunca se quedaban esperando el pase de Leo al pie. Debían moverse, abrirse a la banda. O para despistar o para ofrecerse como receptor.

El Barça, por tanto, no puso en práctica una nueva fórmula, sino el resultado de la evolución paulatina de una manera de jugar. Aquella idea primigenia que tenía Pep acerca de que Messi debía jugar más cerca de la portería rival devino en esa forma de atacar, con el argentino como centro ofensivo del equipo. Se llegó a eso de forma natural y a medida que el propio Guardiola fue resolviendo los problemas que se le presentaban al equipo y al propio Leo.

Crónica
FC Barcelona – Real Madrid
29/11/2010

La mejor respuesta de Leo

*La apuesta de Guardiola por hacer girar el equipo en torno a Messi dio sus frutos rápidamente. Si el entrenador nunca dudó de que Leo haría sobre el campo siempre lo mejor para el equipo fue por partidos como el histórico 5 a 0 al Real Madrid de Mourinho en el Camp Nou. Se trata de la obra cumbre del Barça de Pep, acaso comparable únicamente con el último partido de aquella temporada, la final de Wembley contra el Manchester. Ambos compromisos constatan una virtud clave en la elevación de aquel equipo a los altares del fútbol: sus mejores presentaciones se produjeron en los escenarios de máxima exigencia.*

*En aquella exhibición incontestable de fútbol Messi no marcó. El Barça hizo cinco goles. Pudo hacer ocho. Leo se quedó en cero. Cosa insólita.*

*Probablemente se trate de la mejor respuesta que Messi podía darle a la confianza que siempre había depositado Guardiola en él. José Mourinho había diseñado una defensa que tenía como objetivo primordial aislar a Messi. El portugués hizo trabajar a sus jugadores en un marcaje mixto, de hombre en zona, cuya principal obsesión era que siempre que Leo cruzaba la línea del medio del campo algún jugador blanco le perseguía. Así, Messi advirtió rápidamente que debía retrasar su posición, crear superioridades con Xavi e Iniesta y buscar pases de gol desde la mitad del campo, aprovechando las buenas carreras al espacio de Villa y Pedro, sus compañeros de banda en el tridente. Fue una lección de fútbol del Barça y de compromiso con el equipo de Messi, cuyo duelo con Cristiano Ronaldo no le hizo caer en la tentación de marcar un gol.*

*Es uno de los partidos que engrandecen la figura de Messi, pues lo elevan como el mejor futbolista del campo sin la necesidad de haber marcado algún gol.*

*Si el compromiso incondicional fue la respuesta que le dio Leo a Pep luego de que le dejase disputar los Juegos de Pekín, aquella actuación inconmensurable en el 5 a 0 contra el Madrid fue el regalo futbolístico que el argentino tenía para su mentor. Guardiola, que sabía que si las cosas no funcionaban se comenzaría a hablar de su inclinación por trabajar siempre por la comodidad de Leo, salió reforzado de aquella exhibición en la que su alumno más aventajado dio un paso atrás y trabajó para que hombres como David Villa y Pedro brillasen con luz propia en el clásico.*

## *El camino a Wembley*

Luego de la exhibición contra el Real Madrid, el camino del Barça hasta el nuevo estadio de Wembley, escenario de la final de la Champions, fue una larga exhibición de fútbol. El único cruce de calles decepcionante se produjo en la final de la Copa del Rey, ganada por la versión más violenta del Real Madrid de Mourinho. En Valencia se libró una batalla de fútbol que los blancos, con el defensa portugués Pepe como mediocentro defensivo, ganaron en la prórroga, con gol de Cristiano Ronaldo. El resto del viaje a Wembley fue plácido y se solventó con una autoridad notable. Incluso la durísima semifinal de la Liga de Campeones, que el Madrid intentó ganar de la misma manera, fue un obstáculo superado con fútbol y la versión más afilada de Messi, autor de los dos goles del Barça en el duelo de ida, en el Bernabéu.

La actuación de Leo fue el más claro respaldo futbolístico a la arenga pública del entrenador Guardiola en la rueda de prensa previa al partido. Pep decidió involucrarse instando a José Mourinho a que se quedase con su "Champions particular de la sala de prensa", aludiendo a la condición de hábil declarante del portugués, pero recordando que ambos equipos tenían una gran cita en el estadio blanco. Messi fue imparable.

El Barça vivió de camino a Wembley un idilio con su propio fútbol. Probablemente se trate del mejor momento del Barça de Pep, con Messi en un estado de forma celestial. "Lo difícil no es lo que hago yo, sino lo que hacen Xavi e Iniesta", elogió por aquellos días el argentino, consciente de la importancia que ambos compañeros tenían para que su fútbol brillase como lo hizo durante aquel final de temporada.

El argentino Gabriel Milito, defensa que llegó el último año de Rijkaard y convivió con la plantilla durante tres de los cuatro años de Guardiola, dio cuenta de aquel momento formidable de forma del Barça. Mientras completaba las recuperaciones de rigor a causa de sus constantes lesiones, Milito solía comentar las jugadas de Messi y las demás estrellas con el cuerpo de fisioterapeutas y recuperadores del club. "Aprovechen a mirar los entrenamientos de estos *cracks* porque va a pasar mucho tiempo hasta que volvamos a ver una cosa así." Futbolista de los que consumen y analizan su deporte constantemente, Milito explicó que volvió del Mundial 2006 asombrado de la calidad de Messi. "Conversando con mi padre sobre la experiencia le comenté que nunca había visto nada igual, que Leo podría estar en el futuro a la misma altura que Maradona. Fue una charla muy futbolera. No me equivoqué."

Messi ganó su quinto título de Liga en el campo del Levante. El Barça completó un campeonato colosal a pesar del asedio del Real Madrid de Mourinho.

Faltaba la guinda. Leo llegó a Wembley con un registro estratosférico de 52 goles en 54 partidos de todas las competiciones. Le esperaban los últimos noventa minutos del año.

---

**Diario de viaje
Londres
28 de mayo de 2011**

## El partido infinito

*Parecía el cierre del círculo perfecto. Wembley, la cuna del fútbol donde el Barça había probado la primera miel de la Champions en 1992, volvía a recibir al Barça. El estadio era otro, más moderno; también el Barça. El escudo del club y Pep Guardiola, condenado a ser el gran símbolo, eran los únicos que repetían. Un centenar de periodistas le esperamos en la sala de prensa, para que ofreciera sus percepciones finales antes del partido, que se jugaba la tarde siguiente.*

*Guardiola repasó con lucidez el camino del equipo desde sus comienzos y elogió la evolución de sus jugadores. Ante el mismo rival que el de dos cursos atrás, en la final de Roma, el Barça habría de jugar "mucho mejor" que aquella vez. Como en todas las grandes citas, el entrenador colocó a sus discípulos en el primer plano de la escena. De hecho llegó a considerar que en finales como la que debían jugar el Barça y el Manchester los entrenadores eran "casi espectadores". Le pregunté entonces qué le gustaría ver como espectador. Guardiola no dejó pasar la ocasión que le ofrecía la pregunta y respondió sabiendo que buena parte del legado que buscaba dejar en el Barça y en el fútbol lo podía sintetizar en aquella respuesta: "Quiero que nos pasemos la pelota hasta decir basta." El perfecto pupilo de Cruyff confesaba la fantasía de su partido perfecto: un infinito de pases en que el rival se convirtiera en mero espectador. Acaso la ausencia del gol en el sueño despierto del técnico fuese deliberada. Si hay pases, si tienes la pelota, el gol llegará tarde o temprano. Seguro.*

*Nadie faltó a la cita. Tampoco Leo. Marcó por segunda vez en una final y ganó su tercera Liga de Campeones convirtiéndose por tercera vez consecutiva en el goleador de la competición. El radar de la estadística no fue capaz de captar la tranquilidad con la que el Barça ganó aquella final. Si lo hubiese hecho, el dato bastaría para coronar al Barça de Pep como el más grande campeón de la historia de la Champions.*

*Messi, Pedro y Villa, los artilleros que colocó Guardiola en la vanguardia para superar al férreo Manchester, marcaron los goles, que llegaron, como lo había vaticinado el propio Pep, producto de largas posesiones de pelota en las que el rival corrió inútilmente y se convirtió, como los entrenadores, en meros espectadores.*

*Acaso para estar en sintonía con la fuerza de la naturaleza que era aquel Barça campeón, la directiva azulgrana organizó la fiesta en el Museo de Historia Natural de Londres, un escenario acorde a un equipo para la posteridad.*

## *El último año del equipo perfecto*

La temporada final de Guardiola, se sabe, acabó con el regusto amargo del penal de Messi estrellado en el larguero contra el Chelsea, en una de las varias semifinales que, en estos años de gloria, el Barça, increíblemente, no logró resolver y la afición, o parte de ella, las interpreta como ocasiones perdidas que tal vez se lamenten cuando llegue la sequía. En cualquier caso, el que acabaría siendo el último año de Guardiola contiene todas las características, corregidas y aumentadas, que se fueron perfilando en un largo proceso de tres años en que el proyecto evolucionó, básicamente, para potenciar la influencia del mejor futbolista del mundo en el juego del equipo.

Bastará con interpretar a los dos fichajes importantes del año, Alexis Sánchez y Cesc Fàbregas, como elementos complementarios de Messi. El chileno llegó con el cartel de mejor artillero del *Calcio*, luego de muy buenos años en el Udinese. Su fichaje representó el mejor perfil de aquello que el Barça necesitaba: no sólo un goleador, sino un delantero capaz de sacrificarse en la presión y de atacar por las bandas. Fàbregas, por su lado, había sido uno de los grandes socios de Leo Messi en la Generación del '87, de manera que no hacía falta ni siquiera un período de adaptación para hablar el mismo idioma. "Es increíble, pero cuando combino con él siento lo mismo que cuando lo hago con Xavi e Iniesta", comentó Leo luego de la primera gran conexión con Cesc, en la Supercopa de Europa ante el Porto, donde, tras marcar un gol magnífico, asistió a Fàbregas para que sentenciara el partido.

El último Barça de Guardiola supo acompañar a Messi hacia su máximo registro goleador. El argentino acabó marcando 73 goles. Además de la Supercopa continental, el Barça ganó la española al Real Madrid en otro doble duelo en que Messi inclinó la balanza a favor de un Barça aún en plena preparación física. El Madrid, en cambio, llevaba semanas entrenando con la mira puesta en los partidos contra los de Pep. "Ha venido de la playa y ganó el partido", bromeó Gerard Piqué sobre la actuación formidable de Messi, autor de tres goles.

La superioridad ante el equipo blanco se volvió a ver en el clásico en el Bernabéu, cuando el Barça, a pesar de encajar un gol en el primer minuto de partido, luego de un error de Valdés, se recuperó y marcó tres goles. Aquella noche no marcó Leo, pero, en general, hizo del curso una oda constante al gol. Los hizo de todas las formas posibles, incluso marcó cinco, contra el Bayer Leverkusen, en un duelo de Champions.

Histórico y trascendente como los grandes procesos, el Barça de Guardiola dejó enseñanzas notables en el último tramo de la temporada. A pesar del récord de goles de Messi, el equipo no ganó la Liga ni la Champions. El entrenador, de hecho, ensayó una serie de cambios tácticos en el duelo contra el Madrid en el Camp Nou que no acabaron de funcionar. El fracaso en el último intento de evolución del modelo simboliza el final del camino. El Barça perdió aquel clásico y, con él, la Liga.

La Champions no fue consuelo. Tras el empate ante el Chelsea y la eliminación, Guardiola anunció su marcha. Todo fue emotivo entonces. Messi le despidió con cuatro goles al Espanyol, en el último partido del Barça de Pep en el estadio. El argentino fue a abrazar al entrenador en una de las celebraciones. Los cuatro años se fundieron en aquel gesto.

Como siempre, Messi respondió al cariño de su mentor con fútbol y goles. A la goleada en el derbi le siguió el último partido del Barça de Pep, la final de Copa del Rey en el Vicente Calderón, contra el Athletic Club de Marcelo Bielsa.

En aquella actuación de Messi está todo lo que aprendió en el Barça. Marcó el segundo gol, el que encarriló una final que acabó siendo más fácil de lo esperado. Pero no hizo solamente eso, también exhibió su sabiduría táctica. A la aplicación de marca personal que había diseñado Bielsa, respondió con inteligencia. Llegó a jugar incluso incrustado entre los centrales, ayudando al equipo a sacar la pelota desde atrás. Hasta allí se llevó a Amorebieta, el central que tenía como misión marcarlo. Fue una demostración fantástica de lo que había aprendido durante sus diez años en la escuela del Barça y, especialmente, con la ayuda de Guardiola, el entrenador que se despedía aquella noche.

Acaso el legado del mejor equipo de la historia sea aquella frase que Roberto di Mateo, el entrenador del Chelsea, le dijo a Pep luego de eliminar al Barça y acceder a la final de la Champions. Como disculpándose por haber jugado de una manera tan defensiva, se justificó: "De otra manera no hubiésemos podido." En la voz de Di Mateo está la de todos los grandes equipos de Europa que, ante el Barça, decidieron que la única manera de tener opciones era saberse inferior y plantear el partido en consecuencia.

En su último año, el Barça de Pep alcanzó la perfección: a su historia ni siquiera le falta la derrota que pone a prueba sus convicciones.

En cuanto al legado de Pep con Leo, el entrenador lo considera "un futbolista especial, al que he intentado ayudar lo mejor posible para que estuviera cómodo. Pero él también me ha ayudado a mí y ha hecho que se me conociera como técnico". Íntimamente, Guardiola entiende que, si bien mucho del fútbol de Leo tiene que ver con su talento, la diferencia con el resto de grandes de este deporte son los matices que, durante años, fue recibiendo en forma de consejos, detalles, interpretaciones del juego, conocimientos que fue recibiendo de parte de la gran escuela del Barça.

## *Tito, segunda parte*

La designación de Tito Vilanova como sucesor de Pep Guardiola en el cargo de entrenador no sólo es la consecuencia del deseo implícito de continuidad del proyecto sino que también pesó su relación estrecha con Messi. Se conocieron cuando Leo jugaba como cadete de primer año, se reencontraron cuando Tito llegó como segundo entrenador de Pep y, en el verano de 2012, el club decidió reeditar la relación como entrenador y jugador.

El equipo firmó la primera vuelta más prolífica de la historia de la Liga. Ganó 55 puntos de 57 posibles. Messi aprovechó esa primera parte del año para establecer un registro de 91 goles en un año natural. Los objetivos colectivos e individuales, en comunión.

Sin el contrapeso de la figura de Guardiola, el de Messi comenzó a ser un liderazgo en toda regla. Por primera vez se habló del *Barça de Messi*, como un paso más en la carrera del jugador.

"Son chavales encantadores y, de pronto, les cantan la caña a algún rival, muestran su carácter", dice Albert Benaiges explicando el cambio que a su entender se produce en los jugadores a partir de los 25 años, la edad, precisamente, de Leo al iniciar la temporada con Vilanova como entrenador. "Me gustará mucho ver a Leo cuando tenga 28 o 29 años. Será perfecto. Tendrá su calidad y la personalidad totalmente desarrollada", dice uno de los primeros maestros que el genio tuvo en la escuela del fútbol.

# *Miradas*

## *Desde el palco. Sandro Rosell*

**"Si no se hubiera formado en el Barça no sería tan humilde como es."**

Sandro Rosell es el presidente del Barça que tuvo el privilegio, por ejemplo, de ganar la Champions de Wembley en 2011 desde el palco, como máximo representante del equipo que ofreció una exhibición pocas veces vista en una final europea. De modo que ha podido disfrutar en primera persona, como directivo, de la versión más espectacular de Leo Messi. Pero, además, Rosell era el vicepresidente deportivo que supervisó desde la distancia de su cargo las evoluciones de la máxima promesa del fútbol base en 2003: Leo Messi.

"Comencé a saber de Messi cuando trabajaba en Nike, la primera marca que lo patrocinó. Siempre fue un caso especial y desde pequeño, a la edad que a la mayoría se le paga con indumentaria, Leo ya tenía un contrato. Pero me acerqué mucho más a él cuando ganamos las elecciones del Barça y yo asumí la tarea de vicepresidente deportivo." Luego de dos décadas entre la etapa de Josep Lluís Núñez y la de Joan Gaspart, Rosell entró en el fútbol del Barça y renovó la estructura del fútbol base. Josep Colomer reemplazó a Joaquim Rifé en la dirección. Colomer y Rosell hablaban cada día. Uno de los temas recurrentes era la progresión de Leo Messi. Colomer le fue informando sobre las decisiones de subirlo a categorías mayores, pues el nivel de Messi seguía subiendo, imparable. Los expertos hablan de dos peligros posibles al subir un jugador a una categoría más grande que la que le toca. El primero, que no aguante el ritmo. El segundo, que sufra alguna lesión chocando con un futbolista de más talla. Rosell dejó hacer a Colomer y Messi progresó hasta sumarse al primer equipo.

Hijo de madre santafesina —Santa Fe es la provincia donde nació Leo Messi—, Sandro Rosell vivió en la Argentina cuando tenía un año. Era vecino de la localidad de Ramos Mejía, en la provincia de Buenos Aires. Fue sólo un año, el que la madre pasó en su tierra acompañando a los abuelos de Sandro. Acaso esta coincidencia haya beneficiado la empatía con el futbolista. En la primera etapa, Rosell como vicepresidente convirtió a Messi en profesional y negoció la primera renovación del contrato. De alguna manera, sentó las bases de una relación de la que dejó de formar parte en 2005, cuando abandonó la junta directiva por discrepancias con el presidente Joan Laporta.

Cuando ganó en 2010 las elecciones y se convirtió en presidente, Rosell se reencontró con un Messi que ya se había convertido en el mejor futbolista del planeta. "Obviamente, me encontré con una persona más madura. Era un hombre. Se notó la diferencia. No creo que Messi sea una persona tímida: es reservado. Cuando era pequeño no aguantaba la mirada. Cuando lo reencontré soy yo el que la baja si hace falta", bromea Rosell. "No es más expresivo que antes, pero ya es un veterano y ha madurado."

"Podría decir —propone— las cosas que Messi no tendría si no se hubiese formado en el Barça. Una es la humildad. La otra, aprender a conectarse. Messi se crió en el fútbol del Barça sabiendo que siempre tendrá a su lado un compañero al que pasarle la pelota o hacer una pared. Messi sabe que si le pasa la pelota a Xavi o Iniesta se la devolverán bien. En gran medida Leo es afortunado de haber coincidido con una generación magnífica de jugadores como Valdés, Xavi, Iniesta, Puyol, Piqué, Cesc, entre otros. Todo esto es una aportación del Barça a Leo. El resto de cosas que hace con la pelota es parte de su talento innato. Lo haría igual en otro equipo."

"Tener a Messi en el club significa, en primer lugar, ser conciente de ello. Y lo somos. Tenemos al mejor. A partir de aquí, el secreto es tratarlo como uno más sabiendo perfectamente que es diferente a todos. Es un equilibrio muy difícil, pero necesario." Cuando le consulto sobre lo que significaba ver a Messi desde el palco, ya sea del Camp Nou o del estadio rival, me explica los pormenores de una anécdota con el presidente de Osasuna, Patxi Izco. "Antes del partido se informó que Leo no jugaría, pues tenía dolor de panza y no estaba en condiciones de salir al campo. Sin embargo, horas después, el Barça salió al campo y Leo estaba entre los titulares. Entonces Izco me buscó con la mirada para recriminármelo: '¿No estaba mal de la panza?', me preguntó con tono de queja. 'Se ha recuperado, ¿qué quiere que le diga?', le contesté. Entonces en aquel momento pensé que la queja del presidente lo había llevado todo a otro plano: la dimensión de Leo comenzaba a ser tan grande que tenerlo en el equipo parecía casi una ventaja ilegal."

Exfutbolista, Rosell se detiene en un detalle *a priori* insignificante para describir el talento de Messi. "A veces, mientras estoy sentado en el palco, le veo que baja hasta el círculo central y busca que Xavi le pase la pelota. Cuando lo hace se la devuelve enseguida, con un toque suave con el interior de la bota. Luego combina con Iniesta. Todos son toques precisos, cortos, y posiblemente sin nada destacable, pero, como futbolero, me da un gusto espectacular mirarlo. Pero hay otro detalle que como futbolero siempre defendí: ¿Quieres saber si un futbolista es bueno? Pues mira cómo saca el lateral. Leo saca pocos, pero lo hace a la perfección. Jamás tiene un error técnico, se coloca perfecto. ¿Por qué? Porque todo lo que tiene que ver con la pelota lo hace bien."

Para Rosell "ahora Leo rentabiliza mucho mejor su energía. Corre cuando debe correr. Cuando no hace falta, no. Y sabe hacerlo cuando no afecta al equipo. Estamos ante el mejor jugador de la historia del fútbol. Sin duda. No entiendo que haya gente que ponga el Mundial como un obstáculo para decir que aún no lo es. Basta con mirar su número de goles. Pelé hizo mil, sí, pero en Brasil. Leo los hace aquí, en competiciones como la Champions, por ejemplo. Por otro lado, Messi siempre juega bien. Ha exhibido siempre una regularidad notable".

Al acabar los partidos, Rosell suele encontrarse con Messi por el estadio. "Siempre le digo: hoy la reventaste, Leo. 'Gracias, presi', me dice. Que una estrella mundial sea así de humilde no es normal. Dentro del campo es Messi, pero fuera continúa siendo Leo."

Ramiro Martín

## *Desde la cantera. Álex García*

**"Aún es el alevín que siempre quiere jugar. Los genios no tienen edad."**

De todos los entrenadores que tuvo Messi en el fútbol base, solamente Álex García puede decir que le entrenó durante una temporada completa. El resto de técnicos, por diferentes motivos, problemas burocráticos y la propia evolución del jugador, le perdieron de vista antes de completarse un curso. Su voz autorizada recuerda "un niño callado, pero muy receptivo. Con la mirada se notaba que quería aprenderlo todo, que lo escuchaba todo, pero lo más singular era que al vestirse de corto se convertía en una persona de 25 años. Lo mejor de Messi es que lo que hacía con 14 años lo hace como profesional. Con nosotros, en el equipo Cadete, durante un partido contra el Europa, entró y lo solucionó en siete minutos, marcando tres goles. Quien no le haya visto en categorías inferiores se sorprende, pero Leo siempre ha hecho lo mismo. Ahora lo hace a mayor escala y ha mejorado infinidad de cosas, pero su manera de jugar e interpretar el fútbol es la misma de siempre".

La que le enseñaron en la cantera. Recuerda García que Messi "llegó al club jugando como los famosos videos que están en la tele: coger el balón, regatear a todos y marcar. Y eso es jugar a la pelota, no al fútbol, porque no es una escena posible en un partido de fútbol. Aquí aprendió a comunicarse y combinar la pelota. Aprendió, además, a gestionar mejor sus virtudes innatas: él sabe que es peligroso en los últimos veinte metros, por lo que no puede hacer lo mismo ahí que a cincuenta metros de la portería rival. Aunque de vez en cuando saque la chistera".

García se suma a quienes reivindican la tarea del Barça en la evolución física de Leo. "Sabíamos que tenia un problema pero que no afectaba a los entrenamientos. Era muy delgadito. Ha tenido suerte de estar en el Barça. Por su tipo de fútbol. Si hubiese crecido en un club italiano tal vez habría hecho lo mismo, pero no hubiera estado tan cuidado ni su fútbol hubiese generado tanto. La persona llegó al club apropiado. Pero no se trata sólo de eso. El entorno familiar supo sostenerlo en todo momento. Y el grupo humano de la Generación del '87, sus compañeros, era muy bueno. La categoría cadete es una edad complicada, son púberes. El paso a juvenil es fundamental. En los ojos de Leo, luego del largo camino que había hecho hasta llegar al Barça, había determinación. Eso se ve. Estaba lejos de su familia. Sólo tenía a su padre. A los 14 años para Messi el fútbol fue jugarse el todo por el todo: o me va bien o me vuelvo. Imagino que debía pensar que de lo que él pudiera ser dependía todo. Siempre he dicho que era muy maduro para la edad que tenía. Tenía quince, pero, por mentalidad, tenía veinte."

La Generación del '87 reunió mucho talento. El de Messi era uno de ellos, aunque su inmadurez física preocupaba. García recuerda que aquel equipo en crecimiento tenía dos caras. "Por un lado, trabajábamos en el club para que Leo creciera bien, para que su físico acompañara la calidad que tenía, por otro, rezábamos para que Gerard Piqué no creciera más. Era un central formidable, un prodigio en cuanto a la coordinación de un cuerpo que a la edad de 14 años ya medía más de 1,90 centímetros. 'No crezcas más, Gerard, por favor', bromeaba con él, porque un puñado de centímetros más hubiesen sido demasiados para ser futbolista."

La mano de Álex García es lo que posiblemente deba agradecer Messi a la hora de revisar la historia de su evolución como futbolista. El entrenador lo colocaba como extremo pero Messi se desplazaba siempre hacia el medio. Con otro técnico más inclinado hacia el rigor, las cosas hubiesen sido diferentes. "Nunca tuve la disyuntiva de exigirle que fuese más disciplinado, porque sabíamos que con el tiempo acabaría adquiriendo ese automatismo. Cada etapa tiene sus cosas. Incluíamos cosas tácticas con mucha naturalidad. Luego, más adelante, sabíamos que en el club habría alguien que le daría más indicaciones. La preparación era paulatina. En el Cadete, para preparar los partidos, nunca hablamos del rival, sino de mantener las posiciones, jugar abierto, no perder la pelota, intentar recuperarla enseguida y, sobre cualquier otra cosa, tener buen comportamiento. Podemos ganar o perder, pero tenemos que portarnos bien siempre. Y la Generación del '87 se comportaba bien, pero, una vez en el vestuario, tenían muy mal perder. No estaban acostumbrados. Aquel año perdimos sólo un partido. Lo genial era que se daban cuenta enseguida de por qué no habían jugado bien."

García debió tener también mano izquierda cuando permitió que Leo jugase por algunos minutos sin la máscara protectora obligatoria que debía utilizar en la final de Cataluña contra el Espanyol. "Le dije que jugaría si no se la quitaba. Tenía una lesión. Había peligro si recibía un golpe. Al cabo de unos minutos se la quitó y vino hacia el banquillo. Me dijo que no tenía buena visión. Pero me pidió por favor jugar uno minutos más. Estuve un cuarto de hora rezando para que no le pasara nada. Leo marcó dos goles. Al final de la primera parte ya ganábamos 3 a 0. Entonces le dije que no jugaría la segunda parte. Lo entendió. Pero su imagen era entonces la misma que ahora, la de un alevín que pide los balones y quiere jugar siempre. Los genios no tienen edad."

## *El cuerpo del genio. Fernando Signorini*

"Messi tuvo suerte de caer en el Barça, que supo respetar su físico."

Bastará decir que Fernando Signorini es el preparador físico que puso a punto a Diego Maradona para el Mundial de México '86. Pero, aunque mucho, no es sólo eso. Este estudioso de la preparación futbolística acompañó la evolución física de Maradona y, muchos años después, programó la preparación de Leo Messi para el Mundial de Sudáfrica 2010. Hablo con él para entender el cuerpo del genio.

"Conocer y trabajar con Leo fue completar mi capacidad de asombro, porque después de casi diez años con gente como Maradona y Riquelme, vivir la experiencia de preparar a Leo fue increíble. Las virtudes físicas son algo completamente natural, pero es curioso lo que sucede con él, pues de todos los hermanos el único que tiene esas características es Leo."

Le consulto a Signorini sobre el papel del Barça en la formación de Leo. Ambos sabíamos que el club se había hecho cargo del tratamiento que necesitaba Messi para acabar de crecer con normalidad.

El Barça, además, afrontó la transición con especial cuidado. El titular de los servicios médicos del club, Josep Borrell, junto al endocrino Carles Martí Henneberg, decidieron retirarle de forma paulatina el tratamiento hormonal cuando concluyeron que un programa físico especial y una alimentación adecuada podían reemplazar las inyecciones de hormonas y llevar a Leo a su máximo crecimiento.

El dato no es menor: justamente en esta instancia en el Barça se cruza la experiencia médica con la futbolística. Desde los años setenta, la captación de talentos contemplaba también fichar jugadores de mucha calidad aunque no estuvieran del todo desarrollados físicamente. Esta decisión hizo que el club se especializara en programas de condición física para jóvenes futbolistas que los necesitaran. Jugadores como el mismo Pep Guardiola, Andrés Iniesta, Gerard Piqué y también Leo Messi tuvieron que hacer las 'horas extras' pertinentes del Programa Individualizado de la Condición Física, para adecuar su físico a las exigencias de jugar en el Barça. "Lo mejor que hizo el Barça —me apunta Signorini— fue respetar las características físicas de Leo durante su período de evolución. Lo hizo sin tratar de forzarlas con las nuevas metodologías, intoxicadas de sistemas aplicados al atletismo, que privilegian la fuerza y buscan dotar al jugador de virtudes que la naturaleza no le dio. Así se han arruinado muchos jugadores. Leo tuvo suerte de salir joven de Argentina y encontrar en Barcelona profesionales que dejan de lado esa soberbia del que piensa que tiene la razón. La razón siempre la tiene la naturaleza. Y los preparadores físicos debemos tener mucho cuidado con intentar influir por nuestra vanidad en un equilibrio que es milenario y que ha desembocado en lo que hoy es el cuerpo humano. No se puede, por capricho o por las modas imperantes, alterar la carrera de un futbolista. Hay que ser respetuoso y observador, dejar de lado la creencia de que nosotros fuimos los predestinados a estar con los *cracks* para mejorarlos significativamente. Al contrario: somos afortunados de estar en ese lugar, cerca de ellos. Y tenemos que obrar en consecuencia."

Si al enfrentar a un técnico le preguntaba cómo había que enseñarle a un genio, a Signorini le pido que me explique en qué medida Messi es también un prodigio físico. "Es difícil explicar a Messi desde mis conocimientos de biomecánica. Leo es así. Es como es." Para demostrar que, efectivamente, Messi es como es, Signorini me cuenta una anécdota en el debut del jugador en la *Era Maradona*, en Marsella, contra Francia. "Leo estaba de espaldas, casi pegado a la línea de banda y venía por el aire un balón alto hacia su posición. Cuando advierten que va a recibir la pelota, dos jugadores franceses corren a encerrarle. Ambos pensaban que Leo cumpliría con los pasos obvios: bajar la pelota con el pecho, controlarla e intentar salir. Pero Leo es Leo. En un solo movimiento hizo siete y dejó a los dos marcadores franceses mirándonos a nosotros, de cara al banquillo. Leo escapó entre ellos dos. Solamente vi a Maradona hacer algo similar, hace años en el Napoli. Es imposible seguir con los ojos lo que Leo hace con el cuerpo. Es como aquellos *trileros* que esconden las tres monedas. El movimiento es más rápido que la vista. Lo genial es que hace con los pies lo que ellos hacen con la mano. Su habilidad le viene de tiempos inmemoriales, pero se acompaña de una pasión y un placer por el fútbol que hace que cada vez que está frente a la pelota sea como un niño frente a un pote de dulce de leche."

Acaso porque técnicamente pueden hacer casi lo mismo, Maradona explicó alguna vez el secreto de Messi. Dijo que la capacidad para llevar la pelota con toques cortos y sin mirarla le permitía estar atento al partido, a los rivales y a los compañeros. Signorini había hablado ya alguna vez de la frecuencia de paso. "La mayoría de los jugadores que lo enfrentan están acostumbrados a una síntesis de movimientos normal. El marcador nunca se va a acostumbrar a un jugador que, a una velocidad de vértigo, es capaz de pisar dos veces consecutivas con la pierna derecha porque en ese momento la izquierda se entretuvo controlando la pelota. Esa frecuencia de paso le hace tener siempre un equilibrio perfecto, porque siempre está apoyado en el suelo. Y, justamente, al estar siempre apoyado ofrece más resistencia en caso de que lo quieran desequilibrar. Ha aprendido más a correr, porque el medio te obliga, porque los deseos por frenarlo son cada vez más agresivos. Lee una milésima de segundo antes lo que puede pensar el marcador. Si lo piensas, es fantástico: él, Leo, que es quien lleva la pelota, tiene tiempo para intuir cómo reaccionará quien le viene a marcar."

Invito a Signorini a comparar a Leo y Maradona desde la visión de un experto en preparación. "Diego era, desde el punto de vista estético, más voluptuoso, de músculos más redondeados. Creo que era más elegante visualmente. Leo alcanza esa belleza a través de una aceleración brutal, que, igual que en Diego, delata una capacidad neuromuscular extraordinaria. Casi ningún atleta necesita tenerla. El corredor de cien metros debe correr hacia adelante, el fondista, hacerlo a un ritmo estudiado, pero el futbolista va hacia adelante, hacia atrás, los costados, salta, se levanta, una cantidad de cosas que debe resolver de un segundo a otro, a máxima velocidad y entre un montón de piernas que quieren frenarlo. Era fantástico ver a Michael Jordan, pero lo que hacía lo hacía con la mano. Leo lo hace con la parte más alejada del cerebro. La complejidad es mucho mayor. Cuando uno encuentra un superdotado con los pies, hay que poner en la balanza que eso que hacen es lo más complicado."

A pesar de la decepción que significó para Messi el Mundial de Sudáfrica 2010, Signorini lo entiende como un paso más en su carrera. Antes de quedar eliminados ante los alemanes, el preparador habló con Leo. "Durante la entrada en calor, me acerqué a él y le pedí que disfrutara, que hiciera abstracción del marco y que solamente se refugiara en sus afectos, en su familia, y que nadie le iba a exigir más de lo que él, hasta ese momento, podía dar. Recuerdo que le dije: 'Estás recorriendo el camino para llegar a ser tal vez el mejor de la historia. Esto tómalo como lo que es: simplemente un parte más del camino. Y diviértete de la mejor manera.' Luego me fui con la certeza de que le había dicho lo que mi honestidad me exigía en ese momento, haciéndole entender que, aunque lo que había hecho hasta ese momento era imborrable, recién a partir de los 25 años empezaría a escribir su historia." En este sentido, Signorini defiende la idea de que después de los 25 años es cuando Messi alcanzará su máxima evolución. "Hasta ahora fue todo espontaneidad, todo basado en esa irrenunciable vocación por jugar a pesar de todo, pero ahora le va a empezar a agregar la reflexión, las elecciones a través no sólo del instinto sino también del conocimiento."

Ramiro Martín

## *Desde Harvard. Andrés Hatum*

"El equipo ayuda a Messi porque es un líder al servicio del grupo."

En febrero de 2012, la Universidad Harvard envió a Barcelona a Andrés Hatum, uno de los investigadores que publica artículos para la revista *Harvard Business Review*. No era la primera vez que Hatum visitaba Cataluña. Ya había realizado un trabajo de campo *in situ* sobre la experiencia de El Bulli, el restorán del cocinero catalán Ferran Adrià. Hatum se sirvió de aquel trabajo en que estudió los métodos de trabajo y organización de Adrià para escribir el libro *El futuro del talento*, del cual el propio Adrià opinó que era "el más brillante que he leído nunca sobre el talento".

Hatum aterrizó en Barcelona para estudiar La Masía desde el punto de vista empresarial. Su trabajo se tradujo en un largo informe en el que desgranó la manera en que el Barça supo hacer de su captación de talentos y desarrollo de futbolistas una marca propia y, de alguna manera, un estilo a contracorriente del mundo del fútbol, que parece ideado básicamente para la compra-venta de futbolistas.

Converso con Hatum sobre el desarrollo de un genio como Leo Messi dentro de una estructura formativa como el Barça. "Hay muchos peligros a evitar cuando dentro de un grupo de trabajo hay un genio. Tener una estrella en cualquier equipo de trabajo tiene ventajas y desventajas. La ventaja evidente es que todos los equipos quieren tener un *crack*. El fútbol es un deporte extremadamente competitivo y las estrellas permiten muchas veces lograr los objetivos de *performance*: o sea, ganar. Los problemas vienen cuando el talentoso mira simplemente su talento y pone al equipo a su servicio sin mirar el impacto en el resto. Es muy difícil encontrar *cracks* humildes que se acoplen a un equipo y entender que su talento favorece al grupo. Dado el dinero y la fama que el fútbol mueve, es muy fácil caer en la tentación de perder la humildad y terminar jugando solo dentro del equipo. Y esto lo puedes llevar a un equipo de fútbol o a una organización. Hay algunos estudiosos del tema, como Boris Groysberg, profesor de Harvard, que dicen que muchas veces tener gente extremadamente talentosa no necesariamente beneficia al equipo."

Hatum ve en Messi el ejemplo más acabado de La Masía. "Es un gran talento salido de la cultura de la cantera, que logra mayor compromiso e identificación con el Club, cosa que no sucede en otros clubes u otros jugadores que pueden tener una cultura más mercenaria. Messi es un jugador de equipo, disfruta del equipo y la integración con el mismo. Eso fue lo que mamó de chico en La Masía. No es un jugador estrella-solo sino estrella-de equipo."

Para Hatum, la imagen de un *crack* divo no encaja con la del Barça. "Si la organización hace culto al trabajo en equipo, difícilmente vaya a contratar a una persona que no encaje con esa cultura. Y si lo hace probablemente la misma cultura lo termine expulsando. El Barca pregona una cultura de cantera y equipo. A nivel empresarial las culturas que empujaron a los talentos individuales a sobresalir por sobre la organización fracasaron. El caso más elocuente es Enron, que explotó literalmente con sus *hipertalentos* de Harvard. ¿Para qué sirvieron? Para nada. Una organización como un club, para lograr potenciar el valor de la dinámica grupal, requiere una cultura fuerte que inicie a los más pequeños en los valores del equipo. Es muy difícil lograr esto en *cracks* consagrados que vienen de culturas que se focalizan en 'estrellas'. La genialidad requiere esfuerzo y trabajo para pulirse. Y esto, en los deportistas, se hace desde pequeños, enseñándoles el valor del trabajo y el esfuerzo."

Hatum evoca el libro *Bounce*, que menciona "el caso de David Beckham, que practicaba en el parque miles de veces hasta que golpear la pelota era natural en él. Lo que sucede con la experiencia y habilidad que requiere trabajo y esfuerzo, pasa con el trabajo en equipo. Esto se enseña más allá de lo genial que uno sea. Si de pequeño se deja solo a un genio será una estrella inaguantable. Si a ese genio se lo incentiva al trabajo en equipo, será una estrella del equipo y llevará al equipo a competir a muy alto nivel. Si llevas esto al plano individual, uno puede ser un genio o potencialmente un genio, pero sin esfuerzo y práctica es imposible".

La figura de Messi como líder detuvo a Hatum hacia una reflexión. "Los liderazgos son situacionales: depende de la situación deberá el líder adaptarse. También podemos hablar de liderazgo adaptativo: nos adaptamos a las situaciones. Un líder de un equipo debe velar justamente por el equipo. Si en ese equipo hay una superestrella, como puede ser Messi, entonces deberá lograr dos cosas: que Messi se sienta cómodo en su posición con el equipo; y que el equipo aproveche la capacidad de la estrella. En caso contrario, ese equipo fracasa. En el fútbol, la habilidad del entrenador consiste en poder ensamblar la genialidad con potenciar las capacidades de un equipo, hacer que ese equipo compita bien. Eso es importante por varias razones, pero la más crítica es que si un Messi decide irse del club y el entrenador no potenció las capacidades del grupo, el equipo desaparece, como grupo y como un club competitivo."

"No es para comparar —se permite Hatum—, pero Messi es el contraste de Maradona en un equipo. Messi es el integrante del equipo, el que colabora para mejorar las capacidades grupales y todos colaboran con él. El equipo de Maradona era un grupo de personas que estaban al servicio de Diego. Se fue Maradona, se acabó el equipo y los buenos resultados. En el caso del Barça, Pep Guardiola logró ser enérgico y pedagógico a la vez, circunstancia que permitió que sus pupilos se involucraran el proyecto."

Y añade: "Messi, en mi opinión, es un ejemplo de persona que se focaliza en su trabajo, tiene un perfil bajo y es un miembro del equipo, al servicio del equipo. Esa predisposición le ha permitido también que el equipo sea tan generoso como él y con él."

## *Desde la estadística. David Salinas*

"Se consideraban brutales los 30 goles de Romário en Liga. Leo hizo 50."

La FIFA debió intervenir al final de 2012 para informar que no convalidaría el récord de 91 goles en un año natural que Leo Messi había registrado durante ese año. En la historia quedará este incidente como muestra clara de lo que el fútbol de Messi representó para el mundo de las estadísticas y los récords. El argentino había logrado batir una marca propiedad del delantero alemán Gerd Müller, que en 1972 consiguió 85 dianas en un año natural. La FIFA justificó su decisión de no convalidar la marca del delantero del Barça pues le resultaría demasiado complicado el seguimiento exhaustivo de esta carrera mundial por los goles en años naturales. Es decir: el ritmo de récords de Messi representó demasiado, incluso para la propia FIFA.

Hablo sobre la relación de Leo y sus estadísticas con el periodista experto en el tema David Salinas, que desde finales de la década del '80 persigue en el diario *Sport* las estadísticas de los jugadores del Barça al milímetro. Celoso de sus palabras, Salinas no se atreve a considerar insuperables los récords de Messi. "No lo hago porque nunca puede decirse que no se superarán, pero estoy convencido que deberán pasar muchísimos años hasta que podamos disfrutar de un jugador capaz de batir las marcas de Messi. Antes del fenómeno Messi, lo único que hubo más o menos similar fue Ronaldo, con su récord de goles en Liga, que luego Leo batió. Messi ha subido el nivel hasta tal punto que nos olvidamos de que en su día los récords de goles de Samuel Eto'o, que hacía una treintena por temporada, eran considerados brutales. O aquel récord de goles de Romário, que hizo treinta goles en una sola Liga. Pues Leo marcó 50 en Liga y 73 en toda la temporada 2011-2012. Queda todo dicho."

Salinas advierte también desde el punto de vista estadístico la influencia de Pep Guardiola en la carrera de Messi. "Hay un Messi antes y después de Guardiola. Con Pep batió casi todos los récords posibles. Para los estadígrafos, a los que nos gusta trabajar con números y manipularlos Messi es una bendición. Porque mantiene el dato estadístico vivo cada semana. Nos da trabajo cada día. Debes tener actualizados sus datos porque en cada partido alguna estadística suya cambia. Goles, cantidad de partidos… Y si bien alguien que trabaja en temas estadísticos no puede decirlo, los números de Leo parecen insuperables. Pasarán muchísimos años hasta que podamos disfrutar de un jugador capaz de batir estas marcas. Evidentemente habrá un antes y un después de Messi."

Pero ante esta serie infinita de récords le pregunto a Salinas cuál era el dato que podía resumir con mayor eficacia la figura de Messi. "Los goles. Es un jugador que no ha necesitado completar un partido excelente para marcar dos o tres goles y cambiar el signo de un partido por sí solo." Aun así, Salinas advierte un cambio experimentado por Messi en la última temporada con Guardiola. "Se vio una evolución que, según entiendo, beneficiará a Messi en cuanto a sus récords. Leo comenzó a jugar un poco más retrasado, para conseguir más visión de juego, poder dosificarse, pues no entra tanto en contacto con los defensas centrales, y elegir el momento de cambiar el ritmo y asistir o golear."

Pero los goles, si bien son determinantes, no reflejan fielmente su carrera. No siempre los goles son sinónimo de triunfos y gloria. Los goles de Mariano Martín, el magnífico ariete del Barça de la década del '40, sirvieron por ejemplo para que el club no perdiese la categoría en sus peores años. En la búsqueda de ese dato que sintetice a Messi, Salinas me ayuda con uno que posiblemente permita entender en qué medida Leo ha marcado ya una época en el club. Acabada la temporada 2011-2012, el Barça, con Messi en el campo, había jugado 328 partidos de los cuales solamente había perdido 35. "Eso significa marcar una época."

---

Diario de viaje
Bielorrusia
28 de septiembre de 2011

## Con el permiso de Kubala

*Precisamente junto a David Salinas y otros periodistas viajamos en el avión oficial del Barça hacia Minsk, capital de Bielorrusia, donde el equipo azulgrana jugó su segundo partido de la primera fase de la Liga de Campeones, ante el BATE, de la ciudad de Borisov, entidad que pese a tener un estadio homologado por la UEFA prefería entonces jugar en Minsk por las comodidades del Estadio Dinamo, de la capital.*

El partido no tuvo más historia que el frío, la plácida goleada del Barça 0 a 5 y los dos goles de Leo Messi. Un par de gritos que le permitieron al argentino igualar los 194 goles que marcó entre 1950 y 1961 el máximo ídolo de la historia del Barça, Ladislao Kubala. Los números de Messi fueron tan prolíficos durante aquella temporada 2010-2011 y la siguiente que por cuestiones de importancia estadística podría haber elegido explicar el 5 a 3 al Granada, el 20 de marzo de 2012. Aquella noche, Messi marcó por decimonovena vez en su carrera tres goles en un mismo partido que le permitieron convertirse, con 24 años, en el máximo goleador de la historia del club, con 234 goles, superando los 232 de César Rodríguez, el mítico ariete de la delantera inmortalizada por Joan Manuel Serrat: 'Basora, César, Kubala, Moreno y Manchón', en la canción Temps era temps. Sin embargo, el récord de Kubala tiene más que ver con la condición de icono del barcelonismo que Messi, ya desde tan joven, aspiraba a representar. Más allá de los números y los récords, Messi al superar a Kubala recordó a la afición que es un ídolo de otra época cuyo talento marcará para siempre el rumbo del club, como lo hizo el de Kubala, cuyos goles obligaron al Barça a construir el Camp Nou.

La fría y arisca Bielorrusia de Lukashenko ha quedado, por las cosas del fútbol, en la historia del Barça. Messi pasó por allí para inscribir por siempre su nombre en las páginas de oro del club. Con el permiso de Kubala.

## *Récordman*

Una de las singularidades de Messi y su estrecha relación con las estadísticas se dio hacia finales de 2012, cuando *Mundo Deportivo* decidió publicar lo que denominó "guía útil" de los récords de Messi. Es la siguiente.

– Máximo goleador en la historia del Barça: 285 (2004-2012)
– Máximo goleador en la Liga: 194 (2004-2012)
– Máximo goleador en una Liga: 50 (2011-2012)
– Mejor promedio goleador en una Liga: 1,37 por partido (2011-2012)

– Máximo goleador del Barça en la Copa de Europa: 56 (2004-2012)

– Máximo goleador en el total de competiciones internacionales: 61 (2004-2012)

– Máximo goleador extranjero en la Copa de Europa: 56 (2004-2012)

– Máximo asistente en una temporada: 29 (2011-2012)

– Máximo goleador de la historia del clásico: 18 (2004-2012)

– Goleador en más finales: 11 (2004-2012)

– Récord de "Pichichis" en el Barça: 2 (2009-2011)

*Récords nacionales:*

– Máximo goleador en una temporada en la historia de la Liga: 50 (2011-2012)

– Récord histórico de goles en la primera vuelta: 25 (2012-2013)

– Máximo goleador de la historia de la Supercopa de España: 10 (2004-2012)

*Récords europeos:*

– Mejor Bota de Oro de la historia: 50 (2011-2012)

– Máximo goleador de la historia de la Champions en una temporada: 14 (2011-2012)

– Máximo goleador en una temporada en Europa: 73 (2011-2012)

– Más veces consecutivas máximo goleador en Champions: 4 (2009-2012)

– Mayor número de goles en un partido de la Copa de Europa: 5 (2011-2012)

*Récords mundiales:*

– Máximo ganador del Balón de Oro: 4 (2009-2012)

– Más veces ganador del Balón de Oro de forma consecutiva: 4 (2009-2012)

– Récord mundial en marcar en seis competiciones: 2011

– Récord mundial de mayor número de goles en una temporada: 73 (2011-2012)

- Récord mundial de mayor número de goles en un año natural: 91 (2012)
- Ganador del triple Balón de Oro más joven: 24 años
- Récord de votos para el Balón de Oro: 98,54% (2009)
- Récord de goles internacionales en un año: 25 (2012)

# La Selección Argentina

## El profeta y su tierra

El general José Francisco de San Martín y Matorras es el prócer por antonomasia de los argentinos. Su fama de militar libertador de los pueblos de Hispanoamérica en los albores del siglo XIX se extiende incluso más allá de las fronteras argentinas. También Chile y Perú le deben su independencia de España a la intervención decisiva de este estratega audaz, líder de un ejército en cuyas campañas venció a la Corona española. Nacido en Yapeyú, hoy provincia argentina de Corrientes, San Martín debió abandonar su terruño a los cinco años de edad, pues su padre, un militar palentino enviado a las Américas, recibió la orden de regresar a tierras españolas y radicarse en Málaga. San Martín completó allí sus estudios, pero fue en Cataluña donde aprendió los conocimientos militares que utilizaría años después para liberar a su tierra natal. San Martín luchó por la Corona española en la campaña de Rosellón. "Allí adquirió experiencia adicional en maniobras y combate, específicamente en las tácticas de la infantería ligera, un arma más móvil y menos rutinaria que la infantería regular, y había peleado tanto en las montañas como en los llanos, terrenos de combate que recreaban las condiciones que le esperaban en Sudamérica", explica John Lynch en su perfil sobre San Martín. Luego de aquella batalla fue ascendido a primer subteniente en Barcelona. Era el mes de julio de 1794. La capital catalana fue para José de San Martín el lugar donde vio recompensados por primera vez su valentía y talento. Las tierras catalanas fueron la escuela militar donde habría de aprender, como apunta Lynch, lo esencial para encarar el objetivo que nunca perdió de vista: poner su talento al servicio de la libertad de su tierra natal. Al volver a la Buenos Aires del gobierno del Primer Triunvirato, en marzo de 1812, San Martín fue recibido no sin algunos recelos. ¿Hasta qué punto es real su compromiso con la libertad y contra la Corona?, se preguntaban. Crecía en ciertos sectores la desconfianza hacia una persona que sólo había vivido en el país los primeros cinco años de su vida. De hecho, algunos historiadores se apuntan a la teoría de que sus excesivas muestras de coraje, por una de las cuales —en la batalla de San Lorenzo— estuvo a punto de morir a manos españolas, eran hijas de la obsesión por demostrar que nadie estaba tan comprometido como él en la causa contra la Corona.

Messi no es San Martín y el fútbol no es la guerra. Pero la coincidencia con el abandono temprano de la tierra, la educación y el éxito con su oficio en Barcelona y un sentimiento por el terruño que resiste todo tipo de recelos y desconfianzas pueden ser, tal vez, un punto de partida esclarecedor para comprender la relación, siempre intensa, de Leo con el fútbol de su país. ¿No son acaso los jugadores de fútbol, según Jorge Valdano, quienes han ocupado el lugar en la sociedad que en otro tiempo fue para intelectuales y próceres? ¿No son los futbolistas de la selección argentina, como bautizó Ezequiel Fernández Moores, "sanmartines que calzan Adidas y juegan por la ESPN"?

Si alguna característica marcará por siempre la carrera profesional de Leo Messi es su predisposición absoluta hacia todo lo referente a la selección argentina. A pesar de que en los primeros años el contraste entre el bienestar y el confort del Barça y la sensación de intemperie y desconcierto que le ofrecía la selección fue notable, Messi restableció aquel sentimiento de incondicional amateurismo que hizo grande a la selección.

## En el principio fue Menotti

Un día de finales de agosto de 1974, el presidente de la Asociación del Fútbol Argentino (AFA), David Bracuto, que también ostentaba el cargo de presidente del club Huracán, le consultó a César Luis Menotti, entrenador del equipo de Parque Patricios, si aceptaría entrenar a la selección argentina. Menotti había sido el arquitecto del Huracán de Brindisi, Houseman y Basile, campeón argentino practicando un juego primaveral, renovado y abierto, la antítesis de lo que se veía por entonces en las canchas argentinas. Menotti asintió a la propuesta de Bracuto con una sonrisa. Este encuentro extraoficial, impreciso en el tiempo y privado, dio paso a una refundación sin la cual resultaría imposible entender la selección argentina de las últimas tres décadas.

Menotti construyó una estructura que colocó en el primer plano del fútbol argentino a la selección. Hasta entonces, los poderosos River Plate y Boca Juniors primaban sobre el equipo nacional argentino. De hecho, un año después de asumir su cargo de seleccionador, Menotti puso su renuncia a disposición de la AFA cuando River y Boca se negaron a ceder a sus futbolistas una semana antes de un duelo contra Uruguay, alegando que debían jugar una jornada del campeonato. Bracuto le hizo recapacitar y la AFA respaldó al joven seleccionador. Así se consiguió algo tan simple en estos días y tan transgresor entonces: que los equipos se vieran obligados a ceder a sus internacionales en fechas establecidas por un calendario consensuado a principios de temporada. Nada de eso existía en Argentina antes de Menotti.

En cuanto al fútbol en sí, su misión fue que la Argentina recuperase "su lugar de privilegio" en el mundo del fútbol. Subcampeona en el primer Mundial, en Uruguay en 1930, su fútbol local forjó grandes equipos a lo largo del siglo, pero luego de aquella gesta inicial, cada Mundial llegaba para constatar que faltaba mucho para volver a ser protagonista de la gran cita.

Menotti empezó de cero. Firmó un contrato inédito en la época que le ligaba a la AFA hasta la finalización del Mundial, que debía jugarse en Argentina, en 1978. Los segmentos de cuatro años eran una declaración de principios en favor de la idea de continuidad de un proyecto. Menotti dejó la selección argentina en 1982, tras el Mundial de España, después de dos contratos de cuatro años. Julio Grondona, presidente de AFA, aplicaría con Carlos Salvador Bilardo el mismo sistema contractual. Bilardo firmó luego del Mundial de España y hasta el de México '86, para renovar su vínculo cuatro años más, siempre colocando como tope la participación en la siguiente cita mundial. El cambio fue copernicano y significó títulos y prestigio. Los futbolistas dejaron de primar sus compromisos comerciales y comenzaron a esperar ansiosos la convocatoria a la albiceleste, bicampeona del mundo gracias a los logros de 1978 y 1986, y finalista del Mundial de Italia '90. El legado de Menotti, por tanto, representó durante muchos años una garantía de estabilidad.

La garantía de un proyecto de cuatro años fue, en esencia, lo mejor del cambio aplicado desde la llegada de Menotti. No así la elección de los seleccionadores. En este sentido, la deriva estilística fue una constante, como lo marca que a la gestión de Menotti le sucediera un representante de una escuela que está en las antípodas del *Flaco*, como Bilardo, discípulo de Osvaldo Zubeldía. La gestión Grondona está caracterizada por la elección de seleccionadores según la captación de algún mandato popular. Si el supuesto lirismo de Menotti fue objeto de crítica luego del Mundial '82, la solución pasó a ser el rigor táctico de Bilardo. Luego, el regreso a las fuentes con un exdiscípulo de Menotti, Alfio Basile. Más tarde, un seleccionador como Passarella, capaz de no convocar a un futbolista si no se cortaba el cabello —como sucedió con Fernando Redondo—, para acabar con la supuesta laxitud de la era Basile. Más tarde, Bielsa, Pekerman, Basile otra vez, Maradona, Batista, la deriva total…

El modelo se fue diluyendo víctima de nuevos tiempos hasta tocar su fibra principal: la continuidad innegociable de un proyecto de cuatro años. El 15 de septiembre de 2004, días después de conseguir el primer oro olímpico para el fútbol argentino, Marcelo Bielsa renunció a su cargo por desavenencias irreconciliables con el presidente de la AFA, Julio Grondona. Más allá de las razones de la dimisión del singular entrenador, la realidad indicaba que, por primera vez desde la llegada de Menotti en 1975, el fútbol argentino veía resquebrajado su proyecto a menos de dos años de la cita mundial de Alemania 2006. José Pekerman, coordinador de selecciones nacionales y multicampeón como seleccionador Sub-20, sustituyó a Bielsa. Así quedó inaugurada la etapa más inestable que se recuerda en la selección argentina desde la llegada de Menotti. Comenzaba el 2005.

Aquel presente inquietante no operó sobre la decisión de Leo Messi. El rosarino siempre tuvo claro que su deseo de futbolista internacional era defender la camiseta albiceleste. El prestigio conseguido en las tres décadas que van de Menotti a Pekerman, los títulos levantados, la huella mágica de Maradona y el sentimiento de adhesión explicado con pasión en la mesa familiar de los Messi construyeron la certeza de Leo.

La relación de Messi con la selección argentina comenzó oficialmente el 29 de junio de 2004 en el estadio Diego Armando Maradona, de Argentinos Juniors. El amistoso contra el Paraguay fue uno de los que organizó la selección Sub-20 para evaluar de cerca a un tal Lionel Messi. Aunque las noticias sobre él habían llegado un año antes. El seleccionador Hugo Tocalli le conocía gracias a un video que le había hecho llegar Claudio Vivas, ayudante de Marcelo Bielsa, por entonces aún seleccionador argentino. "Lo vi antes de marchar hacia Finlandia, donde jugamos el Mundial Sub-17. No eran más de cinco minutos de un partido con el Barça. Ahí ya se veía que era un chico que marcaba la diferencia. Era impresionante cómo llevaba la pelota pegada al pie en velocidad. Y cómo pasaba de estar parado a sacarse uno o dos jugadores de encima en un solo movimiento", recuerda Tocalli. La Argentina cayó con España en semifinales. Al acabar el partido, ambos cuerpos técnicos intercambiaron información sobre Messi. "Me dijeron que si hubiese jugado con nosotros el título sería nuestro", evoca el técnico argentino. "Es impresionante, lo quisieron traer a jugar con España", le dijo Cesc Fàbregas al propio seleccionador argentino.

Tocalli volvió a la Argentina decidido a concretar el debut de Messi. Antes consultó a José Pekerman por Messi. Pekerman era el director deportivo del Leganés español. Le dijo que era un genio. Lo había visto durante un partido del Barça en Alcorcón. No fue difícil de convencer a Julio Grondona, presidente de la AFA, de que organizara un partido internacional y con árbitro internacional, pues el directivo ya tenía conocimiento de Messi. "Ya estaba al tanto. Le habían hablado muy bien de él. Pero, más allá de que influí en que se hicieran esos partidos, hay que decir que lo más importante fue que él siempre quiso jugar para Argentina", reconoce Tocalli. No le falta razón. El interés existía desde que Ginés Meléndez, por entonces seleccionador español Sub-17, se comunicó con su amigo Álex García, entrenador de Leo en el segundo equipo cadete del Barça. "Tengo mucha amistad con Ginés y un día, conversando de fútbol, le comenté que entrenaba un chico buenísimo, pero que lamentablemente era argentino." Meléndez igualmente se acercó a verlo. Quedó maravillado y le invitó a la selección: "Si no te llama la Argentina puedes jugar con nosotros cuando quieras." Parte de la prensa española acusa a Meléndez de indiscreto, pues días después de aquel encuentro los planes de nacionalizar futbolísticamente a Messi fueron noticia y llegaron a oídos de la selección argentina, que activó todos sus mecanismos para no perder un posible talento. La determinación por jugar en Argentina era tan fuerte como lo revela el hecho de que Meléndez le invitó a jugar aquel Mundial de Finlandia en que España acabaría subcampeona por detrás de Brasil. La propuesta era tentadora, pues el equipo tenía grandes jugadores como David Silva y Messi estaría arropado por otro gran talento, Cesc Fàbregas, que además era su amigo. Pero el argentino declinó la invitación a la espera de una convocatoria albiceleste que por entonces aún no había llegado.

Llegó un año después. Aquella noche fría en el estadio Maradona, la pequeña promesa venida desde Barcelona para debutar con la Argentina comenzó el partido en el banquillo en detrimento de otro *crack* en ciernes, Ezequiel Lavezzi. Messi entró en la segunda parte y marcó el séptimo de los ocho goles con los que los locales vapulearon al conjunto paraguayo. Se fue en velocidad entre dos marcadores, enfrentó al portero, le engañó y marcó a placer. Días después, contra los uruguayos, marcó dos goles en la victoria 1 a 4. "Mostró cosas deslumbrantes", dice Tocalli.

La historia indica, por tanto, que aunque no llegaron a coincidir en la selección, el hecho de que la AFA tuviese un temprano conocimiento de la existencia de Messi se lo debe a Marcelo Bielsa y su red mundial insuperable de ojeadores y captadores de video.

## *Holanda 2005: Messi habla poco*

Francisco "Pancho" Ferraro fue el entrenador a quien José Pekerman, ya en el cargo de coordinador de selecciones, le propuso la dirección técnica de la selección Sub-20 que debía participar en el Mundial de Holanda 2005. Hugo Tocalli, su predecesor, dejó el cargo para acompañar al propio Pekerman a la selección absoluta, luego de la dimisión de Marcelo Bielsa. Ferraro diseñó el equipo con la base del que había cumplido una correcta actuación en el Sudamericano. Messi era el más pequeño de la plantilla. Ya con Tocalli en el Sudamericano este dato había pesado en su rendimiento. Se cansaba. "Creo que te voy a poner en las segundas partes, más fresco", le comentó el seleccionador de entonces. "Yo le iba a decir eso", dijo Messi, de pocas pero convincentes palabras. "Messi es simpleza", dice Ferraro.

Ferraro descubrió en Holanda un genio tímido pero de naturaleza ganadora. "Me dijo que le íbamos a ganar a Brasil y que íbamos a salir campeones", recuerda. Se le ganó 2 a 1. El primer gol lo marcó Leo. Antes la Argentina había superado a la España de Cesc, Silva y Llorente. Fue 3 a 1. Leo cerró la cuenta. "Era el más pequeño pero siempre fue grande de cabeza. Luego del partido contra Alemania vino hasta mí a pedirme perdón porque me había puesto mala cara cuando lo sustituí." La final certificó la elevación de Messi a figura del torneo. Los dos goles, de penal, fueron de Leo. Fue goleador con seis dianas y mejor jugador.

El comienzo prometedor con su selección no se trasladó a la absoluta. La *era Pekerman*, su seleccionador hasta la eliminación en el Mundial de Alemania 2006, fue una sucesión infinita de deshoras, mala fortuna y terribles decisiones. La imagen de Messi en el banquillo del que nunca pudo salir durante el partido contra Alemania recorrió el mundo. Pekerman decidió que Leo no era el jugador que necesitaba el equipo para aguantar el resultado de 1 a 0 con los anfitriones. Sus opciones en el Mundial, se sabe, quedaron notablemente reducidas por culpa de la lesión muscular que había sufrido dos meses antes. De todas maneras, a Pekerman siempre se le reprochó que no utilizara la carta de colocar a Leo Messi en la delantera de un equipo que se había planteado dejar pasar los minutos esperando un contraataque. Argentina quedó eliminada en los penaltis y Messi abandonó Alemania con el consuelo nimio de haberse estrenado como goleador, en la primera fase ante Serbia y Montenegro, con el que fue su primer gol oficial con la selección absoluta.

Diario de viaje
Londres
3 de septiembre de 2006

### Imposible levantar vuelo

*Se dijo alguna vez de Alfio "Coco" Basile que al concretar su regreso a la selección argentina era tal la calidad de los jugadores seleccionables que le comentó a su ayudante, el Panadero Díaz: "Vamos a ser campeones del mundo." Quien había sido el último en levantar un título con la selección absoluta, la Copa América de 1993, volvía a la albiceleste luego de un exitoso período en Boca Juniors. El bautismo fue en Londres. El Arsenal celebró la inauguración de su nuevo estadio, el Emirates Stadium, con un duelo amistoso entre Brasil y Argentina.*

*Ambas selecciones atravesaban etapas totalmente diferentes. Los enviados especiales no pudimos ni siquiera ingresar al* hall *del hotel de Brasil, pues su seleccionador, el riguroso Dunga, impedía el contacto con los jugadores, incluso en un marco como aquél, de partido amistoso. La albiceleste, en cambio, vivía las horas previas al partido con toda la relajación posible, la que suele acompañar a Basile. Las cosas no pudieron salir peor para los argentinos. Messi había llegado a Londres con la ilusión renovada luego de la decepción mundialista. Fue de los pocos que tocó alguna pelota. Brasil pasó por encima una Argentina conducida por Riquelme, el capitán, y defendida por Ayala y Gabi Milito. No hubo partido. Fue 3 a 0. Ronal-*

dinho no jugó por precaución, pues arrastraba una lesión. Pero lo hizo Kaká. Como los ángeles. El entonces jugador del Milan cerró la goleada marcando un gol después de una larga carrera desde la mitad del campo. El único futbolista que le persiguió e incluso estuvo a punto de robarle la pelota fue Leo Messi. Pero ni siquiera su vergüenza deportiva alcanzó para mitigar la humillación de la goleada.

Incondicional de Riquelme, el seleccionador hizo pruebas hasta encontrar su equipo fiable con miras a la Copa América de Venezuela 2007. Román era su estratega. Messi, su hombre de gol. La Copa era un objetivo seductor para la Argentina. Una buena oportunidad para lamerse las heridas luego de tantas malas actuaciones.

Antes de marchar hacia la Copa América, la AFA organizó un partido amistoso contra Argelia en el Camp Nou. "Fue especial", dijo Leo, "jugar en mi estadio con la camiseta de mi país". Messi marcó dos goles. La victoria argentina por 4 a 3 hablaba claramente del tipo de equipo que era el de Basile. Alegre en defensa y en ataque.

## *Y entonces llegó* el Diego

La selección argentina de Basile llegó a la final de la Copa América de Venezuela. El "Coco" blindó tácticamente a Leo Messi acompañándolo con organizadores con cualidades de asistente, como Juan Sebastián Verón y Juan Román Riquelme. Acaso haya sido el entrenador argentino el primero en advertir que, lejos de ser un extremo, demarcación que en aquel momento cumplía en el Barça, Messi debía estar cerca de los metros finales, de la zona de definición, como pensó un año después Pep Guardiola al llegar al banquillo azulgrana. Leo completó una gran Copa América. Marcó dos goles, uno de gran factura, contra México. Pero sucumbió junto a sus compañeros en la final contra Brasil.

"A Leo lo traté como a un hijo, procurando sacarle toda la presión que pudiese tener en la selección." Alfio Basile fue el segundo seleccionador de la Argentina que decidió irse en medio de un proyecto mundialista. El espíritu paternal con el que trató a Leo Messi no fue suficiente para ganar algún título ni para evitar que el equipo se fuese desinflando hasta ofrecer una imagen pobrísima en Santiago de Chile, en la derrota contra la selección local que entrenaba Marcelo Bielsa.

El sucesor de Coco fue *el Pelusa*. Diego Armando Maradona volvió a la selección argentina para dirigirla desde el banquillo en el Mundial de Sudáfrica 2010.

Si la aportación de Basile tuvo que ver con dotar a Messi de compañeros que le asistieran, la de Maradona no se advierte de manera clara. Durante la gestión de Diego en la selección, Messi no sólo transitó por el Mundial como un alma en pena, sino que registró el peor promedio goleador de su historia con la Argentina. En 16 partidos marcó tres goles. Nunca nadie consiguió sacar tan poco de Leo.

El Mundial alejó a Messi de la afición argentina. La estrella del Barça fue acusada por los medios de su país de falta de rebeldía ante el escenario de derrota que se produjo en la eliminación contra Alemania. "Tenemos que empezar otra vez de cero", ensayó Leo para marcar un nuevo rumbo, antes incluso de saber que Maradona no seguiría en el cargo. Se le criticó que había llegado al Mundial luego de marcar 47 goles en 53 partidos con el Barça y no había sido capaz de hacer al menos uno con la Argentina.

## *La información*

Probablemente se trate del único legado futbolístico concreto de Maradona a Messi. Diego fue con Leo un genio incapaz de transmitir todo lo que sabe de fútbol, acaso porque no tuvo que aprender nada. Su carrera como entrenador es una muestra inequívoca de esta carencia. Sin embargo, estaba claro que con Messi hablaba una idioma similar sobre el campo. Y advirtió rápidamente que Leo no ejecutaba correctamente las faltas directas. O que, al menos, no conseguía resultados óptimos. Explican que en una de las primeras prácticas, en Marsella, en el debut de Messi en la *Era Maradona*, comenzó el asesoramiento del maestro a su discípulo.

Líder futbolístico del equipo, Messi debía ser quien ejecutase las faltas directas. Maradona descubrió que Leo le pegaba demasiado seco al balón y éste no acababa de coger el efecto necesario. "No quites tan rápido el pie de la pelota, porque ella no sabe dónde quieres que vaya. Deja un poco más el pie." Era una cuestión de información. La que el empeine le facilitaba a la pelota. La evolución de Leo Messi como ejecutante de faltas es una muestra de su capacidad de superación. A diferencia de Maradona, un verdadero elegido para esta práctica, el rosarino fue perfeccionando el tiro hasta convertirse en un consumado lanzador.

Messi, se sabe, sufrió el hecho de compartir equipo con Ronaldinho, un experto en faltas directas. En las dos primeras temporadas en el Barça apenas pudo ejecutar cinco faltas. Ninguna de ellas acabó en gol. Fue en la primera temporada de Guardiola que Leo pudo festejar un gol de falta, aunque fue singular, ya que se trató de uno de los dos que le ha marcado al Atlético de Madrid sorprendiendo a su portero mientras colocaba la barrera. En aquel primer curso de Pep, el especialista era Dani Alves, quien ejecutó 44 faltas y marcó dos goles, los mismos que consiguió Xavi lanzando la mitad que el brasileño. En cualquier caso, Leo, a pesar de que su ascendente en el equipo crecía, no era el especialista en faltas. En la temporada siguiente, la 09/10, segunda de Guardiola —que coincide con el aterrizaje de Diego Maradona en la selección—, se produjo el despegue de Leo. Ejecutó quince faltas, sólo una menos que el que más, Zlatan Ibrahimovic, y marcó dos goles, al Dinamo de Kiev y al Almería. El curso siguiente fue por primera vez quien más faltas lanzó, 18, y sólo marcó un gol, al Deportivo. La temporada 2011-2012 convirtió dos goles luego de 46 faltas. Mientras que en el verano de 2012 marcó su primer gol de falta directa con la selección argentina, contra Paraguay, convirtió dos al Real Madrid en la Supercopa de España y volvió a marcar con la Argentina, ante Uruguay, un disparo por debajo de la barrera, evocando una especialidad de su compañero Ronaldinho, aquel que durante sus años en el Barça lanzaba todos las faltas mientras Leo miraba y aprendía.

Ramiro Martín

## *El hombre del milagro de Pekín*

El breve Sergio Batista fue el sucesor de Diego Maradona en la selección gracias, en parte, a su éxito en los Juegos Olímpicos de Pekín. Su proyecto se basó en la aplicación del dibujo táctico del Barça en la selección argentina, para repetir el escenario en el que Leo Messi se encuentra más cómodo. Batista aseguró que quería jugar como el Barça, un propósito admirable pero difícil de conseguir. El sistema de juego del Barça, se sabe, lo ejecutan la mayoría de sus futbolistas desde los doce años, además de que el tiempo para entrenarlo nunca sería el mismo para un club que para una selección. Acaso la ingenuidad del proyecto ilustre la deriva que tomó la Argentina luego del duro golpe del 4 a 0 contra Alemania en el Mundial de Sudáfrica, en la derrota más dura de la *albiceleste* desde 1974.

La goleada 4 a 1 a la España campeona del mundo en el amistoso jugado en el estadio Monumental fue un balón de oxígeno para el proyecto Batista. Probablemente haya sido el primer episodio de comunión entre la afición argentina y Messi, autor de un gol magnífico ante la salida del portero Reina. Se trataba sólo de un duelo amistoso, pero al nuevo seleccionador le valió para crédito ante los escépticos con sus planes. Xavi no olvida la experiencia de jugar en el Monumental. "Aquel ambiente es difícil de olvidar. Los papelitos cuando sales al campo, como si fuese el Mundial '78 y poder vivir en carne propia lo que significa el fútbol para los argentinos. Me sorprendió cómo nos recibieron. Sentimos que nos trataban con admiración. Nos aplaudieron en el campo, nos saludaban en las calles. Cuando vas a un país tan futbolero y competitivo no sabes cómo te van a tratar. Se portaron maravillosamente con nosotros." Xavi fue uno de los que entendió que al menos las intenciones de Batista eran buenas. "Leo marca la diferencia cuando puede desequilibrar, pero no le puedes dar toda la responsabilidad del ataque, porque el rival está siempre muy pendiente de sus movimientos. En el Barça tocamos lo más rápido posible la pelota para combatir esa clase de marcajes. Y la Argentina tiene jugadores para hacer lo mismo, gente como Mascherano, Cambiasso y Banega son jugadores que pueden asociarse."

Si Xavi veía buenas intenciones, David Villa advertía las dificultades de aspirar a practicar el juego del Barça. "Debes tener los jugadores que tiene el Barça. No es cuestión de si puedes hacerlo o no, sino de si tienes en la plantilla gente que protege bien la pelota, la sabe tocar y está acostumbrada a jugar de esta manera. El Barça saca lo mejor de Leo y de momento el estilo que ha practicado en su selección no ha sido el mismo. Estoy seguro de que acabará triunfando con la Argentina porque es el mejor."

Diario de viaje
Ginebra
9 de febrero de 2011

### Borges con botas

*El más universal y reconocido de los escritores argentinos, Jorge Luis Borges, se preocupó de permanecer siempre alejado del fenómeno del fútbol. El mismo día y a la misma hora de la final del Mundial de 1978, jugada en Buenos Aires, pronunció una conferencia sobre la inmortalidad. "El fútbol —dijo alguna vez— es miserable, una cosa muy frívola. 'Los viles jugadores de fútbol', dice Shakespeare en* El rey Lear, *y Kipling también habla desdeñosamente de ellos." Borges lidera una lista de notables argentinos cuyo acceso a la universalidad tiene como peaje la pérdida de su identidad nacional. Selecto grupo que también integra Ernesto Guevara de la Serna, el Che, figura universal a quien no pocos identificarían como centroamericano o directamente cubano, cuando en realidad nació en el mismo pueblo que Messi.*

*Me pregunté entonces si la figura de Leo estaba condenada a esa especie de repudio de los argentinos hacia quienes, aunque embajadores exitosos, por algún intangible difuso no consiguen representar cierta idea de lo argentino. Consulté al escritor argentino Martín Caparrós sobre este rasgo. "En un juego casi literario que me permití hacer alguna vez dije que lo que le faltaba a Messi para ganarse la aceptación de los argentinos era ser un poco más parecido a un argentino. Que en la medida de que se volviese más canalla se iba a acercar mucho más a la idea de argentinidad que Maradona sintetizó como nadie." En las antípodas de la opinión de Borges, las palabras de Caparrós describieron al fútbol como "una de esas pocas instancias en que la mayoría de los habitantes de muchos países coinciden. Seguramente la literatura es más inteligente y la música, más emocionante, pero ninguna de ellas atrae a veinte millones de personas cada domingo".*

*Si evoqué la figura de Borges fue porque, el 9 de febrero de 2011, Leo Messi lideró a la selección argentina en su triunfo contra Portugal en Ginebra, ciudad donde, por decisión propia, descansan los restos del escritor. Durante noventa minutos, Leo Messi y la tumba de Borges estuvieron separados por algunos metros, circunstancia que disparó de alguna forma el paralelismo.*

*Al día siguiente del partido caminé hasta Plainpalais. Es un cementerio pequeño situado en el centro del casco antiguo. Se podría jugar diciendo que exhibe una sencillez borgiana. Trufado de árboles, carece de grandes mausoleos que se eleven sobre el resto de tumbas. Tiene, sin embargo, otra característica también borgiana, acaso: es un cementerio selecto. Sólo tienen derecho a reposar aquí quienes en vida habían sido nobles o celebridades notables. A Borges le acompañan Juan Calvino, Sofía Dostoievski —hija de Fiódor—, Jean Piaget y su compatriota el músico Alberto Ginastera, entre otros. De todos ellos, sólo Borges recibe las dedicatorias de sus visitantes en forma de pequeños papeles que se incrustan bajo la lápida de piedra que esconde sus restos. Quién sabe qué hubiese dicho Borges ante esta modalidad propia de las tumbas de las estrellas de rock. Su lápida contesta siempre lo mismo: "And ne forhtedon na", "y que no temieran", una frase en inglés antiguo que remite a su amor por las sagas nórdicas. Junto a aquellas palabras, un grabado circular de siete figuras humanas y una pequeña Cruz de Gales junto a su tiempo de existencia: 1899-1986.*

*A cinco minutos caminando de allí, Leo hizo maravillas con el balón y marcó el gol de la victoria, de penal, 2 a 1.*

## *El genio enseñando*

Aquella victoria en Ginebra dejó una anécdota que demuestra el compromiso de Messi con el proyecto de Batista. Agradecido por la voluntad de su nuevo seleccionador de crear un espacio futbolístico similar al del Barça, Leo se implicó en la enseñanza a sus compañeros de algunas nociones básicas del juego de su club, para que la empresa no fuese un fracaso. Era habitual aquellos días ver a Batista conversar tanto con Messi como con Javier Mascherano y Gabriel Milito, el trío de jugadores del Barça de Guardiola. Su aportación no sólo era vital: resultaba imprescindible. En cierto punto, Batista tenía la tranquilidad de contar con un jugador por línea para guiar al resto del equipo en la interpretación de una manera muy singular de jugar. Leo se comprometió al máximo con el proyecto, consciente de que la Copa América Argentina 2011 se asomaba en el horizonte como la oportunidad idílica de conectar de una vez y por todas con la afición de su país.

La anécdota técnica habla por sí sola: durante el duelo con Portugal, hacia el minuto 17, se vio cómo Messi controlaba la pelota en tres cuartos de campo, cerca de la banda derecha. Al hacerlo, el veterano lateral Javier Zanetti, pegado a la banda, se dispuso a proyectarse por la banda para recibir el pase largo, como lo ha hecho durante toda su carrera. Zanetti tocaba y buscaba escalar la banda esperando el pase. Pero Leo le hizo un gesto para que se quedase a su lado, cerca, como formando un círculo con los demás, y siguiera ofreciéndose como receptor del pase. Messi tocó la pelota a Banega, que estaba jugando "de Xavi", y éste se la devolvió. Así se iba despistando a los portugueses. Luego Di María se sumó a la combinación y, cuando el rival estuvo distraído, Messi decidió que era el momento de cambiar el ritmo y generar, junto a Di María, una acción de peligro. Fue sólo una jugada, pero bastó para calibrar el liderazgo futbolístico de Messi y la tarea pedagógica que había decidido asumir para mejorar el nivel del equipo.

Antes de aquella combinación, el propio Leo había asistido a Di María para el primer gol. Sobre el final, marcó el de la victoria de penal y, ante unas gradas colmadas de portugueses —colonia extranjera más numerosa de Suiza—, se tomó las orejas desafiando a un público que se había pasado todo el partido silbándolo cada vez que tocaba la pelota y vitoreando, lógicamente, a Cristiano Ronaldo.

En Ginebra, el liderazgo de Messi se volvió integral e incuestionable.

Luego del amistoso con Portugal, el equipo de Batista se preparó para la Copa con selecciones de un nivel bajo. El último duelo fue una goleada contra Albania en Buenos Aires. Quedaba todo preparado para un campeonato que parecía organizado para que la generación liderada por Leo Messi se ganara al público con un torneo en el que, claramente, partía como favorito.

---

Diario de viaje
Argentina
Julio de 2011

### Un himno a la insensatez

*Para explicar lo sucedido durante la Copa América Argentina 2011 sería suficiente recordar que a Messi se le criticó con dureza por no cantar el himno. Para complementar este dato aterrador, bastará decir que el único momento en que el futbolista del Barça fue aplaudido por los aficionados fue cuando se encaró y casi se pelea con un defensa de la selección de Bolivia, en el debut en la ciudad de La Plata, donde la Argentina logró un decepcionante empate a uno.*

*El equipo no funcionó. Ni siquiera la suerte le acompañó en el partido de despedida, contra el Uruguay, donde completó una buena actuación y acabó eliminado en los penaltis. "Siempre será más simple —me dice Caparrós— jugar en el Barça que en un equipo en eterna construcción, como la selección argentina, guiada además por conductores poco calificados como Diego Maradona o Sergio Batista."*

*La eliminación de la selección argentina en la que debía ser su Copa llevó el nivel de crítica hacia Leo Messi por parte de los medios locales a límites insospechados. "Dedícate a otra cosa, no sirves para el fútbol", le sugirió un periodista en uno de los programas televisivos de más audien-*

cia. *El análisis final acabó siendo el habitual en Argentina en estos casos: demonizar a los jugadores cuya condición de millonarios y actores de ligas extranjeras les quita, parece, las ganas de triunfo con la selección de su país. Se dijo fuerte y claro: "Que jueguen los de aquí, que no llamen más a los de fuera."*

*Me cité en un bar de Buenos Aires con el escritor Eduardo Sacheri. Se trata del autor, entre otras obras, de* La pregunta de sus ojos, *novela cuya adaptación al cine,* El secreto de sus ojos, *había ganado el Oscar a la mejor película extranjera en 2010. Lo distintivo de la carrera literaria de Sacheri es que comenzó siendo, y aún es, un prolífico escritor de cuentos de fútbol. Con el tiempo se ha vuelto una voz respetada dentro del ambiente y muy leída a través de su columna en la revista* El Gráfico. *Sacheri es el autor del texto "Me van a tener que disculpar", una especie de oda a Maradona y sus goles a Inglaterra en el Mundial de 1986. Con Messi demonizado por no cantar el himno e incapaz de conectar con los argentinos, Sacheri es la voz que busqué para entender.*

*"Fue una ingenuidad de Batista pensar que la selección puede jugar como el Barça. El fútbol es, hasta cierto punto, una experiencia intransferible", me dijo, para comenzar a describir el camino de contrastes que transitaba Messi entre el Barça y la selección de su país. "Sale de una realidad ordenada, previsible y muy exitosa para llegar al quilombo que es la Argentina, sin idea definida ni proyecto al largo plazo. El único proyecto es el resultado que obtendrán en ese partido." Sacheri se encargó de desmitificar la relación entre Maradona y los argentinos. Para abordar la poca conexión entre Messi y la afición de su país, el escritor me recordó que si a Diego lo quieren "es básicamente por los goles a los ingleses, por el Mundial ganado. Y no porque haya sido el mejor jugador del mundo. El gran problema lo seguiremos teniendo si continuamos esperando que surja otro jugador con las mismas características, idénticas, a las de Maradona. Eso no va a suceder. Y tampoco hace falta que suceda. A Messi se le pide el mismo carisma que a Diego. Y no tiene por qué ser así. Lo que no hay hoy es un éxito fundacional para comenzar a construir un afecto con los aficionados". Y no llegó aquel éxito en la Copa América.*

*La* Era Batista *se cerró con pena y sin gloria. Leo jugó once partidos y marcó cuatro goles.*

Ramiro Martín

## *El salto con Sabella*

La designación de Alejandro Sabella como sucesor de Batista respondió a la lógica habitual. Llegó un seleccionador muy diferente al anterior. Un entrenador cuyo Estudiantes de La Plata a punto estuvo de robarle al Barça de Messi el Mundial de Clubes en 2009, jugando una final que se extendió hasta la prórroga y los azulgrana ganaron con gol de Leo. Arquitecto de aquel exitoso Estudiantes, Sabella llegó a la selección con el objetivo prioritario de hacer funcionar un equipo defensivamente muy fuerte que se desplegara alrededor de Leo Messi.

El salto cualitativo fue importante. El seleccionador argentino no era ya una especie de soñador que buscaba emular el juego que el Barça practicaba desde hacía años, sino un estudioso criado en la escuela de Estudiantes que, para comenzar, tomó como primera decisión viajar a Barcelona para hablar con Pep Guardiola sobre Messi. Sabella abandonó Cataluña con la receta sabida. A Messi debía hablarle poco, blindarlo en un dibujo táctico que le haga su propio trabajo más fácil, no quitarlo nunca del campo, ni siquiera para que reciba una ovación, considerarlo un futbolista único y, especialmente, escuchar muy bien lo poco que dice.

Con Sabella al mando, Messi se convirtió en el nuevo capitán de la selección argentina y, bajo esta nueva condición, firmó en 2012 su mejor año en la selección argentina. Personalmente, igualó el récord de goles en un año de Gabriel Batistuta: doce. Colectivamente, lideró un equipo que encontró su forma de jugar desde el partido que para muchos significó el cambio definitivo: la victoria contra Colombia. Aquella tarde calurosa de Barranquilla, la Argentina dio la vuelta al 1 a 0 inicial con una demostración de carácter y juego sintetizada en Leo Messi. Empató el partido comandando un ataque junto a Sosa y sobre el final lideró la jugada que acabó en el gol de Agüero. En el último minuto, extenuado pero ambicioso, Messi realizó una carrera frenética hasta la portería colombiana que estuvo a punto de convertirse en gol. Aquella victoria marcó el camino en el año del salto dado de la mano de Alejandro Sabella.

Messi siguió creciendo y obligando al equipo a crecer junto a él. Marcó su primer triplete de goles ante Suiza, en Berna, y se consagró en New Jersey, completando en el 4 a 3 ante Brasil un partido formidable, sentenciado con un gol magnífico. Cerró el año con victorias ante Paraguay, Uruguay y Chile, que le permitieron al equipo liderar la clasificación de las Eliminatorias 2014 y a su joven capitán alcanzar la cima de la clasificación de goleadores. Justamente, el escenario que Messi siempre consideró idílico: el éxito colectivo y, como consecuencia, la excelencia individual.

---

Diario de viaje
Zúrich
Enero de 2013

### Seis veces Zúrich y un final abierto

*Volé a Zúrich tan temprano como siempre, sabiendo que por delante me esperaba la larga jornada que la FIFA organiza para premiar a los actores del fútbol en su gala anual. Era mi sexta vez explicando gloria y miserias de la Casa del Fútbol. Messi también había sido invitado por sexta vez. Su evolución estética puede establecerse a partir de las galas de la FIFA. Llegó en 2007 con un traje que parecía prestado y en 2013 recibió el cuarto Balón de Oro con uno de Dolce & Gabbana negro a lunares, igual que la pajarita. "Es diferente. Para cambiar un poco." Lo dijo al pasar, pero la frase puede explicar por sí sola la carrera de Messi: ha llegado a dominar de tal manera su deporte que el éxito se ha vuelto una rutina que busca combatir eligiendo el traje más llamativo de los cuatro que la marca italiana puso a su disposición horas antes de la gala.*

*Hay solamente otro argentino célebre para el cual Zúrich es la ciudad más importante de su carrera. Se llamaba Ernesto Sábato y murió el 30 de abril de 2011, dos meses antes de cumplir cien años, en su Argentina natal. Sábato fue uno de los tres o cuatro escritores argentinos más respetados, según los gustos. Un intelectual áspero y lúcido que, antes de serlo, se había destacado como científico en la rama de la física. Sin embargo, su impulso humanista le llevó a abandonar la ciencia para consagrar su vida a las letras. Sesenta años antes de que Messi acudiese por primera vez a Zúrich, Sábato compró en la estación de esa ciudad, a pocos metros del Kongresshause donde se celebra la gala de la FIFA, una pequeña máquina de escribir Hermes, con la que comenzó a darle forma a la primera de sus tres novelas,* El túnel, *mientras esperaba durante seis horas un tren a Milán.*

*Messi no debe conocer la historia de Sábato. Está escribiendo la suya y Zúrich, la ciudad que visita cada año sólo durante algunas horas, ha sido testigo de su evolución.*

*Hablé con Leo antes de la entrega del Balón de Oro 2010. El Barça había alquilado un avión para traer a sus viejas glorias, pues la terna de candidatos la completaban Xavi e Iniesta y, de alguna manera, el club entendió que la historia viva de la institución debía estar presente el día que la FIFA homenajeaba al Barça de aquella manera. Leo estaba tan tranquilo mirando cómo los focos y la atención se la llevaba toda el gran candidato Andrés Iniesta, que se sentó a mi lado y hablamos de la inminente Copa América. Me preguntó por el techo del estadio único de La Plata, donde debía debutar Argentina. Me recitó de memoria el calendario que tenía la selección en la primera fase. A la hora de la entrega del trofeo, Guardiola dijo, contra todo pronóstico, su nombre. Le temblaron las piernas, acaso como jamás en ningún partido de fútbol, por más importante que fuese.*

*Al año siguiente, mientras caminaba hacia el Hotel Hyatt, donde se alojan los participantes de la gala, me crucé con Ronaldo Nazário, que caminaba hacia una puerta trasera, a prepararse para la gala en la que justamente él debía entregarle el Balón de Oro al ganador. Hablamos mientras caminábamos. Estaba inmenso pero sonriente como siempre. "Aunque soy del Madrid, nunca vi nada igual a Messi. Es el mejor con diferencia. Igual que el Barça, de los mejores equipos que vi nunca." Aquella entrega fue especial porque Ronaldo fue el primero de los jugadores que deslumbraron a Messi cuando era pequeño. Los mejores momentos del brasileño coinciden con un Leo de ocho, nueve y diez años. "El mejor delantero que vi", diría tiempo después.*

*El Balón de Oro 2012 fue histórico por muchas razones. Leo miró a Iniesta, se lo dedicó como el año anterior lo había hecho con Xavi. Son los dos jugadores del Barça que más admira. Agradeció tener a su mujer y su hijo y se metió en la historia más grande del fútbol, esa que saluda la FIFA con fanfarrias, celebridades y fiestas y jets privados. Leo se perdió entre las cortinas negras luego de hablar con la prensa, con nosotros. Pocos días después, luego de un partido de Liga contra el Málaga, se vio el Messi verdadero. No llevaba ningún traje italiano y la gala parecía algo lejano y ajeno. "La gala, el premio, la fiesta… todo perfecto, pero ya está. Ahora hay que volver a jugar."*

# *Agradecimientos*

*Antes de comenzar este texto que cierra el libro me resulta imprescindible dar las gracias a Pep Guardiola, Tito Vilanova y Sandro Rosell. Los tres me dedicaron parte de su tiempo para transmitirme sus conocimientos y narrarme sus experiencias. Hay pocos gestos más bondadosos que la voluntad de explicar a quien pide entender. A ellos, mi agradecimiento sincero.*

---

Mi *potrero* estaba sobre la calle Fragio, entre Carabobo y Quesada, en Ituzaingó, una localidad suburbana ubicada a unos 30 kilómetros de Buenos Aires. Dos campos de fútbol de tierra trufados de piedras abarcaban la mitad de una manzana. La otra mitad la ocupaba la fábrica que durante muchos años cedió aquel espacio. En uno de los campos jugabas si tenías más de catorce o quince años y podías aguantar las patadas de los más grandes. O, como siempre en la selva del fútbol, te dejaban si eras bueno o el dueño de la pelota. Detrás de una de las porterías se extendía un campo más pequeño, donde una regla no escrita te obligaba a jugar hasta tener una determinada edad. Había celebridades. Choco, Carpa, Loby y *la Rubia*, un mediocentro de la edad de mi padre que llegaba en un Mustang, jugaba como los ángeles, a dos toques como máximo, se subía al coche y hasta el sábado que viene. Jugar con aquella gente era mi gloria de los sábados. No recuerdo haber marcado algún gol. Jamás. Si lo hubiera hecho, lo recordaría. Me decían *Felipito*, por ser hijo de Felipe. Así de simple eran las cosas con la gente del fútbol.

## Agradecimientos

Por supuesto, allí no había árbitro. Si tenías suerte, las discusiones con los grandes se resolvían con sentido común. Si no, te callabas o estrenabas los puños y la cara. Tampoco había árbitro para pitar el final del partido, circunstancia que me regaló un recuerdo que aún conservo: desear que no oscureciera, que la noche no llegase, para poder seguir jugando. Pero la noche llegaba y la pelota, siempre ajada y descolorida, se hacía invisible en la oscuridad, lo que ponía punto final a la contienda.

Se jugó allí hasta que la fábrica decidió construir. Luego, para siempre en el recuerdo. En aquellos años el fútbol fue eso.

Dos décadas después de esas tardes de *potrero*, el fútbol continúa siendo algo parecido. Tal vez ahí se esconda el misterio de por qué lo amamos. Viajar por el mundo escribiendo sobre los partidos magníficos del Barça de Messi, todo ese fútbol espectáculo, todo ese *show*, se alimenta del *potrero*: tiene algo de aquellas tardes de niños rogando que no oscurezca. La liturgia de la pelota nutre al aficionado de una secreta certeza: yo podría haber estado allí, en el rectángulo verde, bajo los focos.

Desde los años dorados de *potrero* hasta este libro hay un mundo inabarcable de maestros y amigos. Todos han dejado alguna huella. Mi formación futbolística se la debo a la cultura de mi padre y a mi tío *Pedrito*, Pedro Severino Franzosi, una persona buena que me enseñó cómo ver los partidos.

Como periodista tengo tantos padres que no los puedo contar, pero a riesgo de ser injusto debo nombrar a Ezequiel Fernández Moores, Daniel Aller, Daniel Lagares, Diego Bonadeo, Ricardo Palacios, Julio Spina, Guillermo Blanco, Enrique Escande, Ariel Scher. Con algunos de ellos me crucé dando vueltas por el mundo. A otros nunca los volví a ver. Tengo la suerte de contar con la amistad de periodistas enormes que, aunque son de mi generación, me han enseñado casi todo, como Esteban Floriano, Ariel Cukierkorn, David Espinar, Dani Colmena y Alex Ochoa.

Afronté este proyecto extenuante y placentero gracias a la confianza que me dio la ayuda desinteresada de personas muy grandes de corazón que se abrieron a explicar sus experiencias. Antes de enume-

## Agradecimientos

rar a todas las que recuerdo, quisiera nombrar a tres en especial: Xavi Torres, Ricard Torquemada y Marcos López, que me ayudaron a comprender desde su experiencia. Como ellos, Álex García, Joaquim Rifé, Marc Ingla, Fernando Signorini, David Salinas, Martín Caparrós, Pep Riera y Jordi Ferré —por su confianza—, Eduardo Sacheri, Isaac Vilalta, Marcos García, Ferran Correas, Jordi Grau, Emili Gispert, Ferran Espada, Jordi Gil, Iván San Antonio, Carles Fogluera, Daniel Arcucci, Andrés Hatum, Agustí Alavés, Damià López, Iván Mullor, Xavi Ballesteros y Fernando Ledo Casablancas.

Quiero dar las gracias especialmente a los periodistas David Torras, Joan Domènech y al ya mencionado Marcos López, de *El Periódico*; Ramón Besa, Rafael Carbonell, Àngels Piñol y Luis Martín, de *El País*; y Dagoberto Escorcia, Juan Bautista Martínez, Felip Vivanco y Carles Ruipérez, de *La Vanguardia*; autores, todos ellos, de entrevistas y artículos notables sobre Leo Messi que me han ayudado a completar mi trabajo. Y a Leo Messi, por la cordialidad de todos estos años.

Sin olvidarme de dedicar el libro a mi madre, a mi tía Lucía Firpo y a mis hermanos, Gonzalo y Tomás, amantes del fútbol.

Y a Rita, que sin ella no hay nada.

# *Bibliografía*

## *Libros*

Caioli, Lucca. *Messi, la història del nen que es va convertir en llegenda.* Columna, 2008.

Caparrós, Martín. *Boquita.* Planeta, 2004.

Closa, Antoni; Salinas, David. *Barça etern.* Ediciones B, Grupo Zeta, 2012.

Colmena, Daniel. *De Cruyff a Guardiola.* Deu i Onze Edicions, 2011.

Cruyff, Johan. *Fútbol, mi filosofía.* Ediciones B, Grupo Zeta, 2010.

Faccio, Leonardo. *Messi.* Debat, 2011.

Fabbri, Alejandro. *El nacimiento de una pasión.* Capital Intelectual, 2006.

Fernández Moores, Ezequiel. *Breve historia del deporte argentino.* Ateneo, 2010.

Frieros, Toni. *Leo Messi, el tesoro del Barça.* Sport, 2006.

Frieros, Toni. *Frank Rijkaard, el señor de los banquillos.* Sport, 2007.

Galeano, Eduardo. *Fútbol a sol y ombra.* Segle XXI, 3a edición, 2007.

Gil, Jordi. *Descobrint Cesc Fàbregas, 35 mirades.* Sport, 2012.

Hatum, Andrés. *El futuro del talento.* Temis Grup Editorial, 2011.

Hornby, Nick. *Fever Pitch.* Gollancz, 1992.

Huizinga, Johan. *Homo ludens.* Alianza/Emecé, 1954.

Kuper, Simon. *Ajax, The Dutch, The War.* Orion Books, 2003.

## Bibliografía

Lynch, John. *San Martín, soldado argentino, héroe americano*. Crítica, 2009.

Marina, José Antonio. *La educación del talento*. Biblioteca Up, Ariel, 2010.

Miguel, Javier; Hernández, Xavi. *La meva vida és el Barça*. Sport, 2009.

Montal, Agustí. *Memòries d'un president blaugrana en temps difícils*. Proa, 2009.

Mussons i Mata, Josep. *El Barça vist per dins*. Pagès Editors, 2003.

Perarnau, Martí. *El camí dels campions*. Columna, 2011.

Piqué, Gerard. *Viatge d'anada i tornada*. Edicions 62, 2010.

Puig, Albert. *La força d'un somni*. Plataforma, 2009.

Riera, Josep. *Escoltant Guardiola*. Cossetània Edicions, 2009.

Riera, Josep; Roca, Miquel. *Van Barça*. Cossetània Edicions, 2007.

Rosell, Sandro. *Benvingut al món real*. Columna, 2006.

Scher, Ariel. *La pasión según Valdano*. Capital Intelectual, 2006.

Torres, César; Campos, Daniel. *¿La pelota no dobla?* Libros del Zorzal, 2006.

Torquemada, Ricard. *Fórmula Barça*. Lectio Ediciones, 2011.

Vázquez Montalbán, Manuel. *Fútbol, una religión en busca de un Dios*. Debat, 2005.

Villoro, Juan. *Dios es redondo*. Anagrama, 2006.

Winkels, Edwin. *Escuchando a Cruyff*. Lectio Ediciones, 2009.

### *Diarios y revistas*

*El País, El Periódico, La Vanguardia, El Mundo del Siglo XXI, El 9 Esportiu, El Punt Avui, Ara, Sport, Mundo Deportivo, Marca, As, Clarín, Olé, El Día, La Capital, Crònica, La Nación, Página 12, Lance!, Augol.com, Folha de São Paulo, Panenka, Líbero, So Foot, L'Équipe, L'Équipe Magazine, Revista Un Caño, Etiqueta Negra*, entre otras publicaciones.

# Índice

Prólogo
*por Ezequiel Fernández Moores* ............................................. 9

Introducción ............................................................................ 13

Minuto cero ............................................................................. 15

Una escuela de fútbol ............................................................. 17

Cómo se le enseña a un genio ............................................... 31

Rijkaard .................................................................................... 51

Guardiola ................................................................................. 81

Miradas .................................................................................... 121

La Selección Argentina .......................................................... 139

Agradecimientos ..................................................................... 161

Bibliografía .............................................................................. 165